O Manifesto da Transdisciplinaridade

O Manifesto da Transdisciplinaridade

BASARAB NICOLESCU

Tradução de
Lucia Pereira de Souza

Centro de Estudos Marina e Martin Harvey
Editorial e Comercial
3ª edição - reimpressão
São Paulo, 2018

Título Original
La Transdisciplinarité – Manifeste

Éditions du Rocher © 1996
Primeira publicação: Penguin Group, 1994

Direitos desta edição para língua portuguesa reservados a
TRIOM – Centro de Estudos Marina e Martin Harvey
Editorial e Comercial Ltda.

E-mail: editora@triom.com.br
www.triom.com.br

Tradução: Lucia Pereira de Souza
Revisão técnica: Américo Sommerman
Revisão: Vitoria Mendonça de Barros, Ruth Cunha Cintra
e Rodrigo Araês Caldas Farias
Revisão gráfica: Adriana C. L. da Cunha Cintra
Projeto gráfico da capa: Ciro Girard
Diagramação: Casa de Tipos Bureau e Editora Ltda.

Dados Internacionais de Catalogação na Publicação (CIP)
(Câmara Brasileira do Livro, SP, Brasil)

Nicolescu, Basarab
O manifesto da transdisciplinaridade / Basarab Nicolescu ;
[tradução Lucia Pereira de Souza]. — São Paulo : TRIOM, 1999.

Título original: La Transdisciplinarité Manifeste
Bibliografia.
ISBN 85-85464-22-4

1. Interdisciplinaridade e conhecimento 2. Pesquisa interdisciplinar I. Título.

98-5781   CDD-001

Índices para catálogo sistemático

1. Transdisciplinaridade : Conhecimento 001

PREFÁCIO À 3ª EDIÇÃO

Estamos comemorando 8 anos desde que Maria de Mello, Américo Sommerman e eu, Vitoria Mendonça de Barros, começamos a pensar num projeto que vislumbrasse a Transdisciplinaridade e que tivesse como base os seus princípios: a complexidade, os diferentes níveis de realidade e uma lógica não-clássica que levasse em conta a contradição e a inclusão do terceiro termo de uma proposição. Essa nova maneira de ver o mundo como uma teia complexa cujos fios se entrelaçam e se conectam, de considerar a realidade constituída em níveis, tanto de realidade como de percepção, que possuem leis próprias e conceitos fundamentais que não são intercambiáveis e ainda de uma nova lógica que coloca, no lugar de dois termos que se excluem, a possibilidade de, mantendo esses dois pares de opostos, encontrar um terceiro dinamismo, o do estado T, que estará sempre num nível de realidade acima ou abaixo daquela que originou a oposição. Assim nasceu o projeto *A Evolução Transdisciplinar na Educação – Contribuindo para o Desenvolvimento Sustentável da Sociedade e do Ser Humano* que ficou abrigado na Escola do Futuro da USP até dezembro de 2003. Depois desta data, alçamos vôo próprio em direção a novos horizontes, já que o projeto original foi se transformando a cada Encontro Catalisador realizado. Esses encontros tinham por objetivo nos familiarizar e fazer refletir sobre temas instigantes, muitas vezes apresentados por pensadores transdisciplinares estrangeiros que, de fato, contribuíram para a reflexão e o crescimento de todos os membros do grupo de formadores, coordenadores e conselheiros.

Quando começamos a trabalhar na Escola do Futuro, criamos o CETRANS – Centro de Educação Transdisciplinar, cujo objetivo era desenvolver o projeto inicial que tinha como meta a pesquisa, a formação de formadores e o desenvolvimento de projetos de aplicação da transdisciplinaridade nas mais diferentes áreas. Mesmo que o projeto do CETRANS, hoje, tenha se modificado em relação à sua primeira versão, os princípios que o fundamentam são os mesmos e as modificações foram em sua forma de aplicação, através da criação de novas metodologias e técnicas de formação, que foram se adequando à realidade de cada projeto.

A Editora TRIOM foi, desde o início do projeto, em 1997, uma parceira do CETRANS, traduzindo e publicando obras transdisciplinares importantes para a pesquisa e a formação transdisciplinar que, até aquele momento, só existiam em língua estrangeira. Essas obras contribuíram, de forma significativa, para a divulgação dessa nova abordagem que começou a ser formulada no início da década de setenta e que muito ajudou na reflexão e na resolução de alguns dos grandes impasses contemporâneos, pois propõe um diálogo novo e insuspeitado entre campos disciplinares, culturais, históricos, religiosos e epistemológicos que há muito têm permanecido incomunicáveis.

A reconstrução de velhas pontes e a criação de novas, que a abordagem transdisciplinar permite, poderá contribuir para que a educação e o mundo tornem a encontrar o encantamento perdido.

O Manifesto da Transdisciplinaridade, já em sua 3ª edição, inaugurou a coletânea transdisciplinar: é uma obra fundamental para quem quer conhecer os fundamentos da transdisciplinaridade e introduzir essa nova epistemologia, essa nova lógica, em seu modo de pensar o mundo e sua própria vida.

Vitoria Mendonça de Barros
São Paulo, abril de 2005

CETRANS – Centro de Educação Transdisciplinar

Américo Sommerman
Coordenador do II Congresso Mundial de Transdisciplinaridade

Maria F. de Mello
Coordenadora do Ambiente Virtual

Vitoria Mendonça de Barros
Coordenadora de Publicação

TRIOM – Editora, Livraria e Centro de Estudos

Renata C. L. Ramos

Ruth Cunha Cintra

Vitoria Mendonça de Barros

Renata Vidigal de C. Lima

Sumário

Para evitar qualquer mal-entendido 11

Amanhã será tarde demais 15

Grandeza e decadência do cientificismo 19

Física quântica e níveis de Realidade 25

Um bastão sempre tem duas extremidades 33

O surgimento da pluralidade complexa 43

Uma nova visão do mundo:
a transdisciplinaridade 49

Transdisciplinaridade e unidade aberta do mundo ... 57

Morte e ressurreição da Natureza 67

Homo sui transcendentalis 77

Tecno-Natureza e Espaço Cibernético 85

Feminilização social e dimensão poética da
existência 95

Sobre o culto da personalidade 103

Ciência e cultura: além das duas culturas 107

O transcultural e o espelho do Outro 113

A transdisciplinaridade – desvio e derivações 121

Rigor, abertura e tolerância 131

Atitude transreligiosa e presença do sagrado 137

Evolução transdisciplinar da educação 143

Em direção a um novo humanismo:
o transhumanismo 153

Anexo:
Carta da Transdisciplinaridade 161

Para evitar qualquer mal-entendido

Uma palavra de uma beleza virginal, que ainda não sofreu o desgaste do tempo, espalha-se atualmente por todo mundo como uma explosão de vida e de sentido. Esta palavra, de difícil pronúncia, *transdisciplinaridade*, conhecida há apenas alguns anos, foi e continua sendo frequentemente confundida com duas outras palavras relativamente recentes: pluridisciplinaridade e interdisciplinaridade.

Tendo surgido, há três décadas, quase simultaneamente, nos trabalhos de pesquisadores diferentes como Jean Piaget, Edgar Morin, Eric Jantsch e muitos outros, este termo foi inventado na época para traduzir a necessidade de uma jubilosa transgressão das fronteiras entre as disciplinas, sobretudo no campo do ensino e de ir além da pluri e da interdisciplinaridade.

Hoje, a abordagem transdisciplinar é redescoberta, revelada, utilizada numa velocidade fulminante, consequência da necessidade de responder aos desafios sem precedentes de um mundo perturbado como o nosso.

Não faz muito tempo, proclamou-se a morte do homem e o fim da História. A abordagem transdisciplinar nos faz descobrir a ressurreição do indivíduo e o começo de uma nova etapa de nossa história. Os pesquisadores transdisciplinares aparecem cada vez mais como *resgatadores da esperança.*

Esse desenvolvimento acelerado da abordagem transdisciplinar, é naturalmente acompanhado, como em todo novo movimento de idéias, pelo risco de vários desvios: o desvio mercantilista, o desvio da procura de novos meios de dominação sobre o outro, quando não for pela simples tentativa de verter o nada no vazio, mediante a adoção de um slogan de 'bom-tom' desprovido de qualquer conteúdo.

Tendo, eu mesmo, contribuído para o desenvolvimento atual da transdisciplinaridade, tanto pela reflexão como pela ação, a partir de minhas próprias competências de físico quântico apaixonado pelo papel da ciência na cultura de nossos dias, sinto uma necessidade urgente de *testemunhar*. Se escolhi, seguindo o conselho de vários amigos da França e de outros países, a forma de um *manifesto*, não foi para ceder à tentação irrisória de elaborar uma nova 'tábua de mandamentos' ou de anunciar a descoberta de um remédio milagroso para todos os males do mundo. A forma axiomática de um manifesto atravessando a extraordinária diversidade cultural, histórica, religiosa e política de diferentes povos desta Terra, permite a compreensão intuitiva do que poderia ser incompreensível ou inacessível em mil tratados eruditos sobre o mesmo assunto.

Os dois ou três manifestos que causaram um impacto planetário, conseguiram resistir à prova do tempo graças, justamente, a este caráter axiomático. A transdisciplinaridade tendo, por sua própria natureza, um caráter planetário, requer por sua vez, a existência de um manifesto.

Impõe-se um último esclarecimento. É verdade que contribuí plenamente para vários empreendimentos transdisciplinares coletivos como, por exemplo, a fundação do Centro Internacional de Pesquisas e Estudos Transdisciplinares (CIRET, Paris) ou a elaboração da *Carta da Transdisciplinaridade*, adotada no Primeiro

Congresso Mundial da Transdisciplinaridade (Convento da Arrábida, Portugal, novembro de 1994). No entanto, o presente manifesto foi escrito em meu próprio nome e só diz respeito à minha própria consciência.

Dedico este manifesto a todos os homens e mulheres que ainda acreditam, apesar de tudo e contra tudo, além de todo dogma e de toda ideologia, num projeto para o futuro.

14

Amanhã será tarde demais

Duas verdadeiras revoluções atravessaram este século: a revolução quântica e a revolução informática. A revolução quântica poderia mudar radical e definitivamente nossa visão do mundo. E, no entanto, desde o começo do século XX nada aconteceu. Os massacres dos homens pelos homens aumentam sem cessar. A antiga visão continua senhora deste mundo. De onde vem esta cegueira? De onde vem este desejo perpétuo de fazer o novo com o antigo? A *novidade irredutível* da visão quântica continua pertencendo a uma pequena elite de cientistas de ponta. A dificuldade de transmissão de uma nova linguagem hermética – a linguagem matemática – é, sem dúvida, um obstáculo considerável; porém não intransponível. De onde vem este desprezo pela Natureza, que se pretende, sem nenhum argumento sério, muda e impotente no plano do sentido de nossa vida?

A revolução informática, que se desenrola diante de nossos olhos maravilhados e inquietos, poderia levar a uma grande liberação do tempo, a ser assim consagrado à nossa vida e não, como para a maioria dos seres sobre esta Terra, à nossa sobrevivência. Ela poderia levar a uma *partilha de conhecimentos* entre todos os humanos, prelúdio de uma riqueza planetária compartilhada. Mas, aí também, nada acontece. Os comerciantes apressam-se para colonizar o espaço cibernético e profetas incontáveis só nos falam dos perigos iminentes. Por que somos tão inventivos, em todas as situações, em descobrir todos os perigos possíveis e imaginários, mas tão pobres quando se trata de propor, de construir, de erguer, de fazer emergir o que é novo e positivo, não num futuro distante, mas no presente, aqui e agora? O crescimento contemporâneo dos saberes não tem precedentes na história humana. Exploramos escalas outrora inimagináveis: do infinitamente pequeno ao infinitamente grande, do infinitamente curto ao infinitamente longo. A soma dos conhecimentos sobre o Universo e os sistemas naturais, acumulados durante o século XX, ultrapassa em muito tudo aquilo que pôde ser conhecido durante todos os outros séculos reunidos. Como se explica que quanto mais sabemos do que somos feitos, menos compreendemos *quem* somos? Como se explica que a proliferação acelerada das disciplinas torne cada vez mais ilusória toda unidade do conhecimento? Como se explica que quanto mais conheçamos o universo exterior, mais o sentido de nossa vida e de nossa morte seja deixado de lado como insignificante e até absurdo? A atrofia do ser interior seria o preço a ser pago pelo conhecimento científico? A felicidade individual e social, que o cientificismo nos prometia, afasta-se indefinidamente como uma miragem.

Dirão a nós que a humanidade sempre esteve em crise e que sempre encontrou os meios para sair dela. Esta afirmação era verdadeira outrora. Hoje, equivale a uma mentira.

Pois, pela primeira vez em sua história, a humanidade tem a possibilidade de destruir a si mesma inteiramente, sem nenhuma possibilidade de retorno.

Esta destruição potencial de nossa espécie tem uma tripla dimensão: material, biológica e espiritual.

Na era da razão triunfante, o irracional é mais atuante que nunca.

As armas nucleares acumuladas na superfície de nosso planeta podem destrui-lo completamente várias vezes, como se uma única vez não bastasse. A guerra branda substitui a guerra fria. Ontem as armas eram zelosamente guardadas por algumas potências; hoje passeia-se com suas peças desmontadas debaixo do braço de um lado para outro do planeta e amanhã estarão à disposição de qualquer pequeno tirano. Qual seria o milagre da dialética que faz com que sempre se pense na guerra quando falamos da paz? De onde vem a loucura assassina do ser humano? De onde vem sua misteriosa e imensa capacidade de esquecer? Milhões de mortos por nada, sob nossos olhos insensíveis, hoje, em nome de ideologias passageiras e dos inúmeros conflitos cujo motivo profundo nos escapa.

Pela primeira vez em sua história, o ser humano pode modificar o patrimônio genético de nossa espécie. Na falta de uma nova visão do mundo, deixar o barco correr equivale a uma autodestruição biológica potencial. Não avançamos nem um milímetro no que diz respeito às grandes questões metafísicas, mas nos permitimos intervir nas entranhas de nosso ser biológico. Em nome do quê?

Sentados em nossa cadeira, podemos viajar à velocidade máxima permitida pela Natureza: a velocidade da luz. O tamanho da Terra reduz-se progressivamente a um ponto: o centro de nossa consciência. Devido ao casamento insólito entre nosso próprio corpo e a máquina informática, podemos modificar livremente nossas sensações até criarmos uma realidade virtual, aparentemente mais verdadeira que a realidade de nossos órgãos dos sentidos. Nasceu assim, imperceptivelmente, um instrumento de manipulação das consciências em escala planetária. Em mãos imundas, este instrumento pode levar à destruição espiritual de nossa espécie. Esta tripla destruição potencial – material, biológica e espiritual – é, na verdade, o produto de uma 'tecnociência' cega mas triunfante, que só obedece à implacável lógica da eficácia pela eficácia. Mas como pedir a um cego que enxergue?

Paradoxalmente, tudo está estabelecido para nossa autodestruição, mas tudo também está estabelecido para uma mutação positiva comparável às grandes reviravoltas da História. O desafio da autodestruição tem sua contrapartida na esperança do autonascimento. O desafio planetário da morte tem sua contrapartida numa consciência visionária, transpessoal e planetária, que se alimenta do crescimento fabuloso do saber. Não sabemos para que lado penderá a balança. Por isto é necessário agir com rapidez, agora. Pois amanhã será tarde demais.

Grandeza e decadência do cientificismo

Desde a noite dos tempos a mente humana permanece obcecada pela idéia de *leis* e de *ordem*, que dão sentido ao Universo onde vivemos e à nossa própria vida. Os antigos inventaram assim a noção metafísica, mitológica e metafórica de *cosmo*. Eles se acomodavam muito bem a uma Realidade multidimensional, povoada de diversas entidades, dos homens aos deuses, passando eventualmente por toda uma série de intermediários. Estas diferentes entidades viviam em seu próprio mundo, regido por suas próprias leis, mas estavam interligadas por leis cósmicas comuns geradoras de uma ordem cósmica comum. Assim os deuses podiam intervir nos assuntos dos homens, os homens eram às vezes semelhantes aos deuses e tudo tinha um sentido, ora mais, ora menos escondido, mas ainda assim um sentido.

A ciência moderna nasceu de uma ruptura brutal em relação à antiga visão de mundo. Ela está fundamentada numa idéia, surpreendente e revolucionária para a época, de uma separação total entre o indivíduo conhecedor e a Realidade, tida como completamente *independente* do indivíduo que a observa. Mas, ao mesmo tempo, a ciência moderna estabelecia três postulados fundamentais, que prolongavam, a um grau supremo, no plano da razão, a busca de leis e da ordem:

1. A existência de leis universais, de caráter matemático.

2. A descoberta destas leis pela experiência científica.
3. A reprodutibilidade perfeita dos dados experimentais.

Uma linguagem artificial, diferente da linguagem da tribo – as matemáticas – era assim elevada, por Galileu, ao nível de linguagem comum entre Deus e os homens. Os sucessos extraordinários da física clássica, de Galileu, Kepler e Newton até Einstein, confirmaram a justeza destes três postulados. Ao mesmo tempo, eles contribuíram para a instauração de um paradigma da *simplicidade*, que se tornou predominante na entrada do século XIX. A física clássica conseguiu construir, ao longo de dois séculos, uma visão do mundo apaziguante e otimista, pronto a acolher, no plano individual e social, o surgimento da idéia de *progresso*.

A física clássica está fundamentada na idéia de *continuidade*, de acordo com a evidência fornecida pelos órgãos dos sentidos: não se pode passar de um ponto a outro do espaço e do tempo sem passar por todos os pontos intermediários. Além disso, os físicos já tinham à sua disposição um aparelho matemático fundado na continuidade: o cálculo infinitesimal de Leibniz e Newton.

A idéia de continuidade está intimamente ligada a um conceito chave da física clássica: *a causalidade local*. Todo fenômeno físico poderia ser compreendido por um encadeamento contínuo de causas e efeitos: a cada causa em um ponto dado corresponde um efeito em um ponto infinitamente próximo e a cada efeito em um ponto dado corresponde uma causa em um ponto infinitamente próximo. Assim dois pontos separados por uma distância, mesmo que infinita, no espaço e no tempo, estão todavia ligados por um encadeamento contínuo de causas e efeitos: não há necessidade alguma de qualquer ação direta à distância. A causalidade mais rica dos antigos, como por exemplo a de Aristóteles, era reduzida a um só destes aspectos: a causalidade local. Uma causalidade formal ou uma causalidade final já não tinha seu lugar na física clássica. As consequências culturais e sociais de uma tal amputação, justificada pelos sucessos da física clássica, são incalculáveis. Mesmo hoje aqueles muitos que não têm agudos conhecimentos de filosofia, consideram como uma evidência indiscutível a equivalência entre 'a causalidade' e 'a causalidade local', a tal ponto que o adjetivo 'local' é, na maioria dos casos, omitido.

O conceito de *determinismo* podia realizar assim sua entrada triunfante na história das idéias. As equações da física clássica são de tal natureza que, se soubermos as posições e as velocidades dos objetos físicos num dado instante, podemos prever suas posições e velocidades em qualquer outro momento do tempo. As leis da física clássica são leis deterministas. Os estados físicos sendo funções de posições e de velocidades, resulta que, se especificamos as *condições iniciais* (o estado físico num determinado instante), podemos prever *completamente* o estado físico em qualquer outro momento dado do tempo.

É evidente que a simplicidade e a beleza estética de tais conceitos – continuidade, causalidade local, determinismo – tão operativos na Natureza, tenham fascinado os maiores espíritos destes quatro últimos séculos, incluindo o nosso.

Faltava dar um passo que já não era de natureza científica, mas de natureza filosófica e ideológica: proclamar a física rainha das ciências. Mais precisamente, reduzir tudo à física, o biológico e o psíquico aparecendo apenas como etapas evolutivas de um único e mesmo fundamento. Este passo foi facilitado pelos avanços indiscutíveis da física. Assim nasceu a *ideologia cientificista*, que surgiu como uma ideologia de vanguarda e que experimentou uma extraordinária disseminação no século XIX. Com efeito, perspectivas inusitadas abriram-se diante do espírito humano.

Se o Universo não passasse de uma máquina perfeitamente regulada e perfeitamente previsível, Deus poderia ser relegado à condição de simples hipótese, não necessária para explicar o funcionamento do Universo. O Universo foi subitamente dessacralizado e sua transcendência jogada nas trevas do irracional e da superstição. A Natureza oferecia-se ao homem como uma amante, para ser penetrada em suas profundezas, dominada, conquistada. Sem cair na tentação de uma psicanálise do cientificismo, somos obrigados a constatar que os escritos cientificistas do século XIX sobre a Natureza estão repletos de alusões sexuais das mais desenfreadas. Seria de se espantar que a feminilidade do mundo tivesse sido negligenciada, ultrajada, esquecida numa civilização baseada na conquista, na dominação, na eficácia a qualquer preço? Como consequência funesta, mas inevitável, a mulher é geralmente condenada a desempenhar um papel menor na organização social.

Na euforia cientificista da época, era natural postular, como Marx e Engels o fizeram, o isomorfismo entre as leis econômicas, sociais, históricas e as leis da Natureza. Todas as idéias marxistas estão baseadas, em última análise, nos conceitos provenientes da física clássica: continuidade, causalidade local, determinismo, objetividade.

Se a História submete-se, como a Natureza, a leis objetivas e deterministas, podemos fazer tábua rasa do passado, por uma revolução social ou qualquer outro meio. Com efeito, tudo o que importa é o presente, como condição inicial mecânica. Impondo certas condições iniciais sociais bem determinadas, podemos prever de maneira infalível o futuro da humanidade. Basta que as condições iniciais sejam impostas em nome do bem e do verdadeiro – por exemplo, em nome da liberdade, da igualdade e da fraternidade – para construir a sociedade ideal. A experiência foi feita em escala planetária, com os resultados que conhecemos. Quantos milhões de mortos por alguns dogmas? Quanto sofrimento em nome do bem e da verdade? Como idéias tão generosas em sua origem transformaram-se em seus opostos?

No plano espiritual, as consequências do cientificismo também foram consideráveis. Um conhecimento digno deste nome só pode ser científico, objetivo. A única Realidade digna deste nome era, naturalmente, a Realidade objetiva, regida por leis objetivas. Todo conhecimento, além do científico, foi afastado para o inferno da subjetividade, tolerado no máximo como ornamento, ou rejeitado com desprezo como fantasma, ilusão, regressão, produto da imaginação. A própria palavra 'espiritualidade' tornou-se suspeita e seu uso foi praticamente abandonado.

A *objetividade*, instituída como critério supremo de verdade, teve uma consequência inevitável: *a transformação do sujeito em objeto*. A morte do homem, que anuncia tantas outras mortes, é o preço a pagar por um conhecimento objetivo. O ser humano torna-se objeto: objeto da exploração do homem pelo homem, objeto de experiências de ideologias que se anunciam científicas, objeto de estudos científicos para ser dissecado, formalizado e manipulado. O homem-Deus é um homem objeto cuja única saída é se autodestruir. Os dois massacres mundiais do século XX, sem levar em conta as inúmeras guerras locais, que também fizeram incontáveis cadáveres, não passam do prelúdio de uma autodestruição em escala planetária. Ou, talvez, de um autonascimento.

No fundo, além da imensa esperança que suscitou, o cientificismo nos legou uma idéia persistente e tenaz: a da existência de um único nível de Realidade, no qual a única verticalidade concebível é a da pessoa ereta numa Terra regida pela lei da gravidade universal.

Física quântica e níveis de Realidade

Por uma dessas estranhas coincidências, das quais a História possui os segredos, a mecânica quântica, a primeira guerra mundial e a revolução russa surgiram praticamente ao mesmo tempo. Violência e massacres no plano do visível e revolução quântica no plano do invisível. Como se os espasmos visíveis do mundo antigo fossem acompanhados pelo surgimento discreto, quase imperceptível, dos primeiros sinais do novo mundo. Os dogmas e as ideologias que devastaram o século XX vieram do pensamento clássico, baseados nos conceitos da física clássica. Uma nova visão do mundo iria arruinar os fundamentos de um pensamento que não parou de acabar.

No começo do século XX, Max Planck confrontou-se com um problema de física, de aparência inocente, como todos os problemas de física. Mas, para resolvê-lo, ele foi conduzido a uma descoberta que provocou nele, segundo seu próprio testemunho, um verdadeiro drama interior. Pois ele tinha se tornado a testemunha da entrada da *descontinuidade* no campo da física. Conforme a descoberta de Planck, a energia tem uma estrutura discreta, descontínua. O 'quantum' de Planck, que deu nome à mecânica quântica, iria revolucionar toda a física e mudar profundamente nossa visão do mundo.

Como compreender a verdadeira descontinuidade, isto é, imaginar que entre dois pontos não há *nada*, nem objetos, nem átomos, nem moléculas, nem partículas, apenas nada. Aí, onde nossa imaginação habitual experimenta uma enorme vertigem, a linguagem matemática, baseada num outro tipo de imaginário, não encontra nenhuma dificuldade. Galileu tinha razão: a linguagem matemática tem uma natureza diversa da linguagem humana habitual.

Colocar em questão a continuidade, significa colocar em questão a causalidade local e abrir assim uma temível caixa de Pandora. Os fundadores da mecânica quântica – Planck, Bohr, Einstein, Pauli, Heisenberg, Dirac, Schrödiger, Born, de Broglie e alguns outros, que também tinham uma sólida cultura filosófica, estavam plenamente conscientes do desafio cultural e social de suas próprias descobertas. Por isto avançavam com grande prudência, enfrentando polêmicas acirradas. Porém, enquanto cientistas, eles tiveram que se inclinar, não importando suas convicções religiosas ou filosóficas, diante das evidências experimentais e da autoconsistência teórica.

Assim começou uma extraordinária *Mahabharata* moderna, que iria atravessar o século XX e chegar até os nossos dias.

Para esclarecer a metodologia da transdisciplinaridade, o autor optou por, ao longo de dois ou três capítulos, explanar os resultados um pouco abstratos da física quântica. O leitor é, portanto, convidado a percorrer algumas considerações teóricas antes de entrar no cerne da questão.

O formalismo da mecânica quântica e, posteriormente, o da física quântica (que disseminou-se depois da Segunda Guerra Mundial, com a construção dos grandes aceleradores de partículas), tentaram, é verdade, salvaguardar a causalidade local tal como a conhecemos na escala macrofísica. Mas era evidente, desde o começo da mecânica quântica, que um novo tipo de causalidade devia estar presente na escala quântica, a escala do infinitamente pequeno e do infinitamente breve. Uma quantidade física tem, segundo a mecânica quântica, diversos valores possíveis, afetados por probabilidades bem determinadas. No entanto, numa medida experimental, obtém-se, evidentemente, um *único* resultado para a quantidade física em questão. Esta abolição brusca da pluralidade dos valores possíveis de um 'observável' físico, pelo ato de medir, tinha uma natureza obscura mas indicava claramente a existência de um novo tipo de causalidade.

Sete décadas após o nascimento da mecânica quântica, a natureza deste novo tipo de causalidade foi esclarecida graças a um resultado teórico rigoroso – o teorema de Bell – e a experiências de uma grande precisão. Um novo conceito adentrava assim na física: *a não separabilidade*. Em nosso mundo habitual, macrofísico, se dois objetos interagem num momento dado e em seguida se afastam, eles interagem, evidentemente, cada vez menos. Pensemos em dois amantes obrigados a se separar, um numa galáxia e outro noutra. Normalmente, seu amor tende a diminuir e acabar por desaparecer.

No mundo quântico as coisas acontecem de maneira diferente. As entidades quânticas continuam a interagir qualquer que seja o seu afastamento. Isto parece contrário a nossas leis macrofísicas. A interação pressupõe uma ligação, um sinal, e este sinal tem, segundo a teoria da relatividade de Einstein, uma velocidade limite: a velocidade da luz. Poderiam as interações quânticas ultrapassar esta barreira da luz? Sim, se insistirmos em conservar, a todo custo, a causalidade local, e pagando o preço de abolir a teoria da relatividade. Não, se aceitarmos a existência de um novo tipo de causalidade: *uma causalidade global* que concerne o sistema de todas as entidades físicas, em seu conjunto. E no entanto, este conceito não é tão surpreendente na vida diária. Uma coletividade – família, empresa, nação – é sempre mais que a simples soma de suas partes. Um misterioso fator de interação, não redutível às propriedades dos diferentes indivíduos, está sempre presente nas coletividades humanas, mas nós sempre o repelimos para o inferno da subjetividade. E somos forçados a reconhecer que em nossa pequena Terra estamos longe, muito longe da não separabilidade humana.

Em todo caso, a não separabilidade quântica não põe em dúvida a própria causalidade, mas uma de suas formas, a causalidade local. Ela não põe em dúvida a objetividade científica, mas uma de suas formas: a objetividade clássica, baseada na crença de ausência de qualquer conexão não local. A existência de correlações não locais expande o campo da verdade, da Realidade. A não separabilidade quântica nos diz que há, neste mundo, pelo menos numa certa escala, uma coerência, uma unidade das leis que asseguram a evolução do conjunto dos sistemas naturais.

Um outro pilar do pensamento clássico – o determinismo – iria, por sua vez, desmoronar.

As entidades quânticas, os *quanta*, são muito diferentes dos objetos da física clássica, os corpúsculos e as ondas. Se quisermos a qualquer preço ligá-los aos objetos clássicos, seremos obrigados a concluir que os quanta são, ao mesmo tempo, corpúsculos e ondas, ou mais precisamente, que eles não são nem partículas nem ondas. Se houver uma onda, trata-se, antes, de uma onda de probabilidade, que nos permite calcular a probabilidade de realização de um estado final a partir de um certo estado inicial.

Os quanta caracterizam-se por uma certa extensão

de seus atributos físicos, como, por exemplo, suas posições e suas velocidades. As célebres relações de Heisenberg mostram, sem nenhuma ambigüidade, que é impossível localizar um quantum num ponto preciso do espaço e num ponto preciso do tempo. Em outras palavras, é impossível traçar uma trajetória bem determinada de uma partícula quântica. O *indeterminismo* reinante na escala quântica é um indeterminismo constitutivo, fundamental, irredutível, que de maneira nenhuma significa acaso ou imprecisão. O aleatório quântico não é acaso. A palavra 'acaso' vem do árabe *az-zahr* que quer dizer 'jogo de dados'. Com efeito, é impossível localizar uma partícula quântica ou dizer qual é o átomo que se desintegra num momento preciso. Mas isto não significa de modo algum que o acontecimento quântico seja um acontecimento fortuito, devido a um jogo de dados (jogado por quem?): simplesmente, as questões formuladas não têm sentido no mundo quântico. Elas não têm sentido porque pressupõem a existência de uma trajetória localizável, a continuidade, a causalidade local. *No fundo, o conceito de 'acaso', como o de 'necessidade', são conceitos clássicos. O aleatório quântico é ao mesmo tempo acaso e necessidade ou, mais precisamente, nem acaso nem necessidade.* O aleatório quântico é um aleatório construtivo, que tem um sentido: o da construção de nosso próprio mundo macrofísico. Uma matéria mais fina penetra uma matéria mais grosseira. As duas coexistem, cooperam numa unidade que vai da partícula quântica ao cosmo.

Indeterminismo não quer de maneira alguma dizer 'imprecisão', se a noção de 'precisão' não estiver implicitamente ligada, de maneira talvez inconsciente, às noções de trajetórias localizáveis, continuidade e causalidade local. As previsões da mecânica quântica sempre foram, até o presente, verificadas com uma grande precisão por inúmeras experiências. Porém, esta precisão diz respeito aos atributos próprios às entidades quânticas e não aos dos objetos clássicos. Aliás, mesmo no mundo clássico, a noção de precisão acaba de ser fortemente questionada pela teoria do 'caos'. Uma minúscula imprecisão das condições iniciais leva a trajetórias clássicas extremamente divergentes ao longo do tempo. O caos instala-se no próprio seio do determinismo. Os planificadores de toda espécie, os construtores de sistemas ideológicos, econômicos ou outros, ainda podem existir num mundo que é ao mesmo tempo indeterminista e caótico?

O maior impacto cultural da revolução quântica é, sem dúvida, o de colocar em questão o dogma filosófico contemporâneo da existência de um único nível de Realidade.

Damos ao nome 'realidade' seu significado tanto pragmático como ontológico.

Entendo por Realidade, em primeiro lugar, aquilo que *resiste* às nossas experiências, representações, descrições, imagens ou formalizações matemáticas. A física quântica nos fez descobrir que a abstração não é um simples intermediário entre nós e a Natureza, uma ferramenta para descrever a Realidade, mas uma das partes constitutivas da Natureza. Na física quântica, o formalismo matemático é inseparável da experiência. Ele resiste, a seu modo, tanto por seu cuidado pela autoconsistência interna como por sua necessidade de integrar os dados experimentais, sem destruir esta autoconsistência. Também noutro lugar, na realidade chamada 'virtual' ou nas imagens de síntese, são as equações matemáticas que resistem: a mesma equação matemática dá origem a uma infinidade de imagens. As imagens estão latentes nas equações ou nas séries de números. Portanto, a abstração é parte integrante da Realidade.

É preciso dar uma dimensão ontológica à noção de Realidade, na medida em que a Natureza participa do ser do mundo. A Natureza é uma imensa e inesgotável fonte de desconhecido que justifica a própria existência da ciência. A Realidade não é apenas uma construção social, o consenso de uma coletividade, um acordo intersubjetivo. Ela também tem uma dimensão *transsubjetiva*, na medida em que um simples fato experimental pode arruinar a mais bela teoria científica. Infelizmente, no mundo dos seres humanos, uma teoria sociológica, econômica ou política continua a existir apesar de múltiplos fatos que a contradizem.

Deve-se entender por *nível de Realidade* um conjunto de sistemas invariantes sob a ação de um número de leis gerais: por exemplo, as entidades quânticas submetidas às leis quânticas, as quais estão radicalmente separadas das leis do mundo macrofísico. Isto quer dizer que dois níveis de Realidade são *diferentes* se, passando de um ao outro, houver ruptura das leis e ruptura dos conceitos fundamentais (como, por exemplo, a causalidade). Ninguém conseguiu encontrar um formalismo matemático que permita a passagem rigorosa de um mundo ao outro. As sutilezas semânticas, as definições tautológicas ou as aproximações não podem substituir um formalismo matemático rigoroso. Há, mesmo, fortes indícios matemáticos de que a passagem do mundo quântico para o mundo macrofísico seja sempre impossível. Contudo, não há nada de catastrófico nisso. A *descontinuidade* que se manifestou no mundo quântico manifesta-se também na estrutura dos níveis de Realidade. Isto não impede os dois mundos de coexistirem. A prova: nossa própria existência. Nossos corpos têm ao mesmo tempo uma estrutura macrofísica e uma estrutura quântica.

Os níveis de Realidade são radicalmente diferentes dos níveis de organização, tais como foram definidos nas abordagens sistêmicas. Os níveis de organização não pressupõem uma ruptura dos conceitos fundamentais: vários níveis de organização pertencem a um único e mesmo nível de Realidade. Os níveis de organização correspondem a estruturações diferentes das mesmas leis fundamentais. Por exemplo, a economia marxista e a física clássica pertencem a um único e mesmo nível de Realidade.

O surgimento de pelo menos dois níveis de Realidade diferentes no estudo dos sistemas naturais é um acontecimento de capital importância na história do conhecimento. Ele pode nos levar a repensar nossa vida individual e social, a fazer uma nova leitura dos conhecimentos antigos, a explorar de outro modo o conhecimento de nós mesmos, aqui e agora.

A existência dos níveis de Realidade diferentes foi afirmada por diferentes tradições e civilizações, mas esta afirmação estava baseada tanto em dogmas religiosos, quanto na exploração do universo interior.

Em nosso século, Husserl e alguns outros pesquisadores, num esforço de questionamento a respeito dos fundamentos da ciência, descobriram a existência dos diferentes níveis de percepção da Realidade pelo sujeito observador. Mas eles foram marginalizados pelos filósofos acadêmicos e incompreendidos pelos físicos, fechados em suas próprias especialidades. De fato, eles foram pioneiros na exploração de uma Realidade multidimensional e multirreferencial, onde o ser humano pode reencontrar seu lugar e sua verticalidade.

Um bastão sempre tem duas extremidades

O desenvolvimento da física quântica, assim como a coexistência entre o mundo quântico e o mundo macrofísico, levaram, no plano da teoria e da experiência científica, ao aparecimento de pares de *contraditórios mutuamente exclusivos* (A e não-A): onda e corpúsculo, continuidade e descontinuidade, separabilidade e não separabilidade, causalidade local e causalidade global, simetria e quebra de simetria, reversibilidade e irreversibilidade do tempo, etc.

Por exemplo, as equações da física quântica submetem-se a um grupo de simetrias, mas suas soluções quebram estas simetrias. Da mesma forma, supõe-se que um grupo de simetria descreva a unificação de todas as interações físicas conhecidas, mas esta simetria deve ser quebrada para poder descrever a diferença entre as interações forte, fraca, eletromagnética e gravitacional.

O problema da flecha do tempo sempre fascinou os espíritos. Nosso nível macrofísico caracteriza-se pela irreversibilidade (a flecha) do tempo. Caminhamos do nascimento para a morte, da juventude para a velhice. O inverso é impossível. A flecha do tempo está associada à entropia, ao crescimento da desordem. Por outro lado, o nível microfísico caracteriza-se pela invariância temporal (reversibilidade do tempo). Tudo se passa como se, na maioria dos casos, um filme rodado no sentido inverso, produzisse exatamente as mesmas imagens do que quando rodado no sentido correto. Há, no mundo microfísico, alguns processos que violentam esta invariância temporal. As exceções estão intimamente ligadas ao nascimento do universo, mais precisamente à predominância da matéria sobre a antimatéria. O Universo é feito de matéria e não de antimatéria, graças a esta pequena violação da invariância temporal.

Esforços notáveis foram feitos para introduzir uma flecha do tempo também no nível microfísico, mas, por enquanto, nada se conseguiu. A mecânica quântica não pôde ser substituída por uma teoria mais predizível. Devemos nos habituar à coexistência paradoxal da reversibilidade e da irreversibilidade do tempo, um dos aspectos da existência de diferentes níveis de Realidade. Ora, o tempo está no centro de nossa vida terrestre. É necessário ressaltar que o tempo dos físicos já é uma aproximação grosseira do tempo dos filósofos. Nenhum filósofo conseguiu seriamente definir *o momento presente*. "Quanto ao tempo presente," – já dizia Santo Agostinho – "se ele sempre fosse presente e não passasse, deixaria de ser um tempo, seria a eternidade. Portanto, se o tempo só é tempo porque ele passa, como podemos dizer que ele é, ele que só é porque está a ponto de deixar de ser; e portanto não é verdade dizer que só é um tempo porque tende ao não-ser." O tempo presente dos filósofos é um *tempo vivo*. Ele contém em si mesmo tanto o passado como o futuro, não sendo o passado nem o futuro. O pensamento é impotente para apreender toda a riqueza do tempo presente.

Os físicos aboliram a diferença essencial entre o presente de um lado e o passado e o futuro de outro, substituindo o tempo por uma banal *linha do tempo* onde os pontos representam sucessivamente e indefinidamente os momentos passados, presentes e futuros. O tempo torna-se assim um simples parâmetro (da mesma maneira que uma posição no espaço), que pode ser perfeitamente compreendido pelo pensamento e perfeitamente descrito no plano matemático. No nível macrofísico esta linha do tempo é dotada de uma flecha indicando a passagem do passado para o futuro. Esta linha do tempo, dotada de um flecha, é portanto ao mesmo tempo uma representação matemática simples e uma representação antropomórfica. A grande surpresa é constatar que até uma representação matemática, portanto rigorosa, do tempo, de acordo com a informação que nos é fornecida por nossos órgãos dos sentidos, é colocada em dúvida pelo surgimento do nível quântico, como nível de Realidade diferente do nível macrofísico. Será que o tempo dos físicos conserva, apesar de tudo, uma lembrança do tempo vivo dos filósofos, graças à intervenção sempre inesperada da Natureza? Todavia, apesar de tudo, esta coexistência paradoxal não é tão surpreendente quando nos referimos à nossa experiência de vida. Todos nós sentimos que nosso tempo de vida não é a vida de nosso tempo. A vida, nossa vida, é algo mais que um objeto delimitado no espaço e no tempo. Mas o surpreendente é constatar que um vestígio desse tempo vivo encontra-se na Natureza. Seria a Natureza, não um livro morto que está à nossa disposição para ser decifrado, mas um livro vivo, sendo continuamente escrito?

O escândalo intelectual provocado pela mecânica quântica consiste no fato de que os pares de contraditórios que ela coloca em evidência são de fato mutuamente opostos quando analisados através da grade de leitura da lógica clássica. Esta lógica baseia-se em três axiomas:

1. *O axioma da identidade:* A é A;
2. *O axioma da não-contradição:* A não é não-A;
3. *O axioma do terceiro excluído:* não existe um

terceiro termo T (T de 'terceiro incluído') que é ao mesmo tempo A e não-A.

Na hipótese da existência de um único nível de Realidade, o segundo e terceiro axiomas são evidentemente equivalentes. O dogma de um único nível de Realidade, arbitrário como todo dogma, está de tal forma implantado em nossas consciências, que mesmo lógicos de profissão esquecem de dizer que estes dois axiomas são, de fato, distintos, independentes um do outro. Se, no entanto, aceitamos esta lógica que, apesar de tudo reinou durante dois milênios e continua a dominar o pensamento de hoje, em particular nos campos político, social e econômico, chegamos imediatamente à conclusão de que os pares de contraditórios postos em evidência pela física quântica são mutuamente exclusivos, pois não podemos afirmar ao mesmo tempo a validade de uma coisa e seu oposto: A *e* não-A. A perplexidade produzida por esta situação é bem compreensível: podemos afirmar, se formos sãos de espírito, que a noite *é* o dia, o preto *é* o branco, o homem *é* a mulher, a vida *é* a morte?

O problema pode parecer da ordem da pura abstração, interessando alguns lógicos, físicos ou filósofos. Em que a lógica abstrata seria importante para nossa vida de todos os dias?

A lógica é a ciência que tem por objeto de estudo as normas da verdade (ou da 'validade', se a palavra 'verdade' for forte demais em nossos dias). Sem norma, não há ordem. Sem norma, não há leitura do mundo e, portanto, nenhum aprendizado, sobrevivência e vida. Fica claro, portanto, que de maneira muitas vezes inconsciente, uma certa lógica e mesmo uma certa visão do mundo estão por trás de cada ação, qualquer que seja: a ação de um indivíduo, de uma coletividade, de uma nação, de um estado. Uma certa lógica determina, em particular, a regulação social.

Desde a constituição definitiva da mecânica quântica, por volta dos anos 30, os fundadores da nova ciência se questionaram agudamente sobre o problema de uma nova lógica, chamada 'quântica'. Após os trabalhos de Birkhoff e van Neumann, toda uma proliferação de lógicas quânticas não tardou a se manifestar. A ambição dessas novas lógicas era resolver os paradoxos gerados pela mecânica quântica e tentar, na medida do possível, chegar a uma potência preditiva mais forte do que a permitida com a lógica clássica.

Por uma feliz coincidência, esta proliferação de lógicas quânticas foi contemporânea à proliferação de novas lógicas formais, rigorosas no plano matemático, que tentavam alargar o campo de validade da lógica clássica. Este fenômeno era relativamente novo pois, durante dois milênios, o ser humano acreditou que a lógica fosse única, imutável, dada uma vez por todas, inerente a seu próprio cérebro.

Há no entanto uma relação direta entre a lógica e o meio ambiente: meio ambiente físico, químico, biológico, psíquico, macro ou micro sociológico. Ora, o meio ambiente, assim como o saber e a compreensão, mudam com o tempo. Portanto, a lógica só pode ter um *fundamento empírico*. A noção de *história da lógica* é muito recente – aparece no meio do século XIX. Pouco tempo depois aparece uma outra noção capital: a da *História do Universo*. Outrora, o universo, como a lógica, era considerado eterno e imutável.

A maioria das lógicas quânticas modificaram o segundo axioma da lógica clássica: o axioma da não-contradição, introduzindo a não-contradição com vários valores de verdade no lugar daquela do par binário (A, não-A). Estas lógicas multivalentes, cujo estatuto ainda é controvertido quanto a seu poder preditivo, não levaram em conta uma outra possibilidade, a modificação do terceiro axioma – o axioma do terceiro excluído.

O mérito histórico de Lupasco foi mostrar que *a lógica do terceiro incluído* é uma verdadeira lógica, formalizável e formalizada, multivalente (com três valores: A, não-A e T) e não-contraditória. Lupasco, como Husserl, pertencia à raça dos pioneiros. Sua filosofia, que toma como ponto de partida a física quântica, foi marginalizada por físicos e filósofos. Curiosamente, ela teve em contrapartida um poderoso impacto, ainda que subterrâneo, entre os psicólogos, os sociólogos, os artistas e os historiadores das religiões. Lupasco teve razão cedo demais. A ausência da noção de 'níveis de Realidade' em sua filosofia obscurecia talvez seu conteúdo. Muitos acreditaram que a lógica de Lupasco violava o principio da não-contradição – de onde provém o nome, um pouco infeliz, de 'lógica da contradição' – e que admitia o risco de infindáveis sutilezas semânticas. Além disso, o medo visceral de introduzir a noção de 'terceiro incluído', com suas ressonâncias mágicas, só fez com que aumentasse a desconfiança em tal lógica.

A compreensão do axioma do terceiro incluído – *existe um terceiro termo T que é ao mesmo tempo A e não-A* – fica totalmente clara quando é introduzida a noção de 'níveis de Realidade'.

Para se chegar a uma imagem clara do sentido do terceiro incluído, representemos os três termos da nova lógica – A, não-A e T – e seus dinamismos associados por um triângulo onde um dos ângulos situa-se em um nível de Realidade e os dois outros em outro nível de Realidade. Se permanecermos num único nível de Realidade, toda manifestação aparece como uma luta entre dois elementos contraditórios (por exemplo: onda A e corpúsculo não-A). O terceiro dinamismo, o do estado T, exerce-se num outro nível de Realidade, onde aquilo que parece desunido (onda ou corpúsculo) está de fato unido (quantum), e aquilo que parece contraditório é percebido como não-contraditório.

É a projeção de T sobre um único e mesmo nível de Realidade que produz a impressão de pares antagônicos, mutuamente exclusivos (A e não-A). Um único e mesmo nível de Realidade só pode provocar oposições antagônicas. Ele é, por sua própria natureza, *autodestruidor*, se for completamente separado de todos os outros níveis de Realidade. Um terceiro termo, digamos, T', que esteja situado no mesmo nível de Realidade que os opostos A e não-A, não pode realizar sua conciliação. A 'síntese' entre A e não-A é antes uma explosão de imensa energia, como a produzida pelo encontro entre matéria e antimatéria. Nas mãos de marxistas-leninistas, a síntese hegeliana surgia como o resultado radioso de uma sucessão no plano histórico: sociedade primitiva (tese), sociedade capitalista (antítese), sociedade comunista (síntese). Infelizmente, ela se metamorfoseou em seu contrário. Em verdade, a queda inesperada do império soviético estava inexoravelmente inscrita na própria lógica do sistema. Uma lógica nunca é inocente. Ela pode chegar a fazer milhões de mortos.

Toda diferença entre uma tríade de terceiro incluído e uma tríade hegeliana se esclarece quando consideramos o papel do *tempo*. Numa tríade de terceiro incluído os três termos coexistem no *mesmo* momento do tempo. Por outro lado, os três termos da tríade hegeliana *sucedem-se* no tempo. Por isso, a tríade hegeliana é incapaz de promover a conciliação dos opostos, enquanto a tríade de terceiro incluído é capaz de fazê-lo. Na lógica do terceiro incluído os opostos são antes *contraditórios*: a tensão entre os contraditórios promove uma unidade mais ampla que os inclui.

Vemos assim os grandes perigos de mal-entendidos gerados pela confusão bastante comum entre o axioma de terceiro excluído e o axioma de não-contradição. A lógica do terceiro incluído é não-contraditória, no sentido de que o axioma da não-contradição é perfeitamente respeitado, com a condição de que as noções de 'verdadeiro' e 'falso' sejam alargadas, de tal modo que as regras de implicação lógica digam respeito não mais a dois termos (A e não-A), mas a três termos (A, não-A e T), coexistindo no mesmo momento do tempo. É uma lógica formal, da mesma maneira que qualquer outra lógica formal: suas regras traduzem-se por um formalismo matemático relativamente simples.

Vê-se porque a lógica do terceiro incluído não é simplesmente uma metáfora para um ornamento arbitrário da lógica clássica, permitindo algumas incursões aventureiras e passageiras no campo da complexidade. A lógica do terceiro incluído é uma lógica da complexidade e até mesmo, talvez, *sua* lógica privilegiada, na medida em que permite atravessar, de maneira coerente, os diferentes campos do conhecimento.

A lógica do terceiro incluído não elimina a lógica do terceiro excluído: ela apenas limita sua área de validade. A lógica do terceiro excluído é certamente validada por situações relativamente simples, como, por exemplo, a circulação de veículos numa estrada: ninguém pensa em introduzir, numa estrada, um terceiro sentido em relação ao sentido permitido e ao proibido. Por outro lado, a lógica do terceiro excluído é nociva nos casos complexos, como, por exemplo, o campo social ou político. Ela age, nestes casos, como uma verdadeira lógica de exclusão: bem *ou* mal, direita *ou* esquerda, mulheres *ou* homens, ricos *ou* pobres, brancos *ou* negros. Seria revelador fazer uma análise da xenofobia, do racismo, do anti-semitismo ou do nacionalismo à luz da lógica do terceiro excluído. Seria também muito instrutivo passar os discursos dos políticos pelo crivo da mesma lógica.

A sabedoria popular exprime algo muito profundo quando nos diz que *um bastão sempre tem duas extremidades*. Imaginemos, como na paródia *Le bout du bout* de Raymond Devos (que aliás compreendeu melhor que muitos eruditos o sentido do terceiro incluído) que um homem queira, a todo custo, separar as duas extremidades de um bastão. Ele vai cortar seu bastão e perceber que agora tem, não apenas duas extremidades, mas dois bastões. Ele vai continuar a cortar cada vez mais nervosamente seu bastão, porém, embora estes se multipliquem sem parar, é impossível separar as duas extremidades!

Estaremos nós, em nossa civilização atual, na situação do homem que queria a todo custo separar as duas extremidades de seu bastão? À barbárie da exclusão do terceiro responde a inteligência da inclusão. Pois um bastão sempre tem duas extremidades.

O surgimento da pluralidade complexa

Simultaneamente ao aparecimento dos diferentes níveis de Realidade e das novas lógicas (entre elas a do terceiro incluído) no estudo dos sistemas naturais, um terceiro fator veio se juntar para desferir o golpe de misericórdia na visão clássica do mundo: a *complexidade*. Ao longo do século XX, a complexidade instala-se por toda parte, assustadora, terrificante, obscena, fascinante, invasora, como um desafio à nossa própria existência e ao sentido de nossa própria existência. A complexidade em todos os campos do conhecimento parece ter fagocitado o sentido.

A complexidade nutre-se da explosão da pesquisa disciplinar e, por sua vez, a complexidade determina a aceleração da multiplicação das disciplinas.

A lógica binária clássica confere seus títulos de nobreza a uma disciplina científica ou não científica. Graças a suas normas de verdade, uma disciplina pode pretender esgotar inteiramente o campo que lhe é próprio. Se esta disciplina for considerada fundamental, como a pedra de toque de todas as outras disciplinas, este campo alarga-se implicitamente a todo conhecimento humano. Na visão clássica do mundo, a articulação das disciplinas era considerada piramidal, sendo a base da pirâmide representada pela física. A complexidade pulveriza literalmente esta pirâmide provocando um verdadeiro *big-bang* disciplinar.

O universo parcelado disciplinar está em plena expansão em nossos dias. De maneira inevitável, o campo de cada disciplina torna-se cada vez mais estreito, fazendo com que a comunicação entre elas fique cada vez mais difícil, até impossível. Uma realidade multiesquizofrênica complexa parece substituir a realidade unidimensional simples do pensamento clássico. O indivíduo, por sua vez, é pulverizado para ser substituído por um número cada vez maior de peças destacadas, estudadas pelas diferentes disciplinas. É o preço que o indivíduo tem de pagar por um conhecimento de certo tipo que ele mesmo instaura.

As causas do *big-bang* disciplinar são várias e poderiam ser objeto de diversos tratados eruditos. Mas a causa fundamental pode facilmente ser descoberta: o *big-bang* disciplinar responde às necessidades de uma tecnociência sem freios, sem valores, sem outra finalidade que a eficácia pela eficácia.

Este *big-bang* disciplinar tem enormes consequências positivas, pois conduz ao aprofundamento sem precedente do conhecimento do universo exterior e assim contribui *volens nolens* para a instauração de uma nova visão do mundo. Pois um bastão sempre tem duas extremidades. Quando um balanço vai longe demais num sentido, sua volta é inexorável.

Paradoxalmente, a complexidade instalou-se no próprio coração da fortaleza da simplicidade: a física fundamental. De fato, nas obras de vulgarização, diz-se que a física contemporânea é uma física onde reina uma maravilhosa simplicidade estética da unificação de todas as interações físicas através de alguns 'tijolos' fundamentais: quarks, leptons ou mensageiros. Cada descoberta de um novo tijolo, prognosticada por esta teoria, é saudada com a atribuição de um prêmio Nobel e apresentada como um triunfo da simplicidade que reina no mundo quântico. Mas para o físico que pratica a essência desta ciência, a situação mostra-se infinitamente mais complexa.

Os fundadores da física quântica esperavam que algumas partículas pudessem descrever, enquanto tijolos fundamentais, toda a complexidade física. No entanto, já por volta de 1960 este sonho desmoronou: centenas de partículas foram descobertas graças aos aceleradores de partículas. Foi proposta uma nova simplificação com a introdução do princípio do *bootstrap* nas interações fortes: há uma espécie de 'democracia' nuclear, todas as partículas são tão fundamentais quanto as outras e uma partícula é aquilo que ela é porque todas as outras partículas existem ao mesmo tempo. Esta visão de autoconsistência das partículas e de suas leis de interação, fascinante no plano filosófico, iria por sua vez desabar devido à inusitada complexidade das equações que traduziam esta autoconsistência e à impossibilidade prática de encontrar suas soluções. A introdução de subconstituintes dos hádrons (partículas de interações fortes) – os quarks – iria substituir a proposta do *bootstrap* e introduzir assim uma nova simplificação no mundo quântico. Esta simplificação levou a uma simplificação ainda maior, que domina a física de partículas atualmente: a procura de grandes teorias de unificação e de superunificação das interações físicas. Contudo, ainda assim, a complexidade não demorou em mostrar sua onipotência.

Por exemplo, segundo a teoria das supercordas na física de partículas, as interações físicas aparecem como sendo muito simples, unificadas e submetendo-se a alguns princípios gerais se descritas num espaço tempo multidimensional e sob uma energia fabulosa, correspondendo à massa dita de Planck. A complexidade surgiu no momento da passagem para o nosso mundo, necessariamente caracterizado por quatro dimensões e por energias acessíveis muito menores. As teorias unificadas são muito poderosas no nível dos princípios gerais, mas são bastante pobres na descrição da complexidade de nosso próprio nível. Alguns resultados matemáticos rigorosos até indicam que esta passagem de uma única e mesma interação unificada para as quatro interações físicas conhecidas é extremamente difícil e até mesmo impossível. Um número enorme de questões matemáticas e experimentais, de extraordinária complexidade, permanecem sem resposta. A complexidade matemática e a complexidade experimental são inseparáveis na física contemporânea.

É interessante observar, de passagem, que a teoria das supercordas surgiu graças à teoria das cordas que, por sua vez, apareceu graças à abordagem do *bootstrap*. Na teoria das cordas, os hádrons são representados por cordas vibrantes que carregam quarks e antiquarks em suas extremidades. Por exemplo, um meson é representado por uma corda tendo, como um bastão, duas extremidades: um quark e um antiquark. É impossível separar as duas extremidades de uma corda: cortando-se uma corda não é um quark e um antiquark que conseguimos mas várias cordas, todas elas com duas extremidades. Se alguém ficar obcecado pela separação das duas extremidades de uma corda, vai chocar-se com uma impossibilidade teórica que carrega a designação erudita de 'confinamento': os quarks e antiquarks ficam aprisionados para sempre no interior dos hádrons. Seria necessária uma energia infinita para afastar e separar completamente um quark e um antiquark. Esta propriedade paradoxal, e não obstante simples, esconde, de fato, uma infinita complexidade de interação entre as partículas quânticas. Os físicos ainda não encontraram uma demonstração matemática rigorosa do confinamento dos quarks.

Aliás, a complexidade se mostra por toda parte, em todas as ciências exatas ou humanas, rígidas ou flexíveis. A biologia e a neurociência, por exemplo, que vivem hoje um rápido desenvolvimento, revelam-nos novas complexidades a cada dia que passa e assim caminhamos de surpresa em surpresa.

O desenvolvimento da complexidade é particularmente espantoso nas artes. Por uma interessante coincidência, a arte abstrata aparece ao mesmo tempo que a mecânica quântica. Porém, em seguida, um desenvolvimento cada vez mais caótico parece presidir pesquisas cada vez mais formais. Salvo algumas exceções notáveis, o sentido desaparece em proveito da forma. O rosto humano, tão belo na arte do Renascimento, decompõe-se cada vez mais até desaparecer complemente no absurdo e na feiura. Uma nova arte – a arte eletrônica – aparece para substituir gradualmente a obra estética pelo ato estético. Na arte, como em outros campos, o bastão sempre tem duas extremidades.

A complexidade social sublinha, até o paroxismo, a complexidade que invade todos os campos do conhecimento. O ideal de simplicidade de uma sociedade justa, baseada numa ideologia científica e na criação de um 'homem novo', desabou sob o peso de uma complexidade multidimensional. O que restou, baseado na lógica da eficácia pela eficácia, não é capaz de nos propor outra coisa senão o 'fim da História'. Tudo se passa como se já não houvesse futuro. E se não há mais futuro, a lógica sã nos diz que já não há presente. O conflito entre a vida individual e a vida social aprofunda-se num ritmo acelerado. E como podemos sonhar com uma harmonia social baseada na aniquilação do ser interior?

Edgar Morin tem razão quando assinala a todo momento que o conhecimento do complexo condiciona uma *política de civilização.*

O conhecimento do complexo, para que seja reconhecido como conhecimento, passa por uma questão preliminar: a complexidade da qual falamos seria uma complexidade desordenada, e neste caso seu conhecimento não teria sentido ou esconderia uma nova ordem e uma simplicidade de uma nova natureza que justamente seriam o objeto do novo conhecimento? Trata-se de escolher entre um caminho de perdição e um caminho de esperança.

Teria a complexidade sido criada por nossa cabeça ou se encontra na própria natureza das coisas e dos seres? O estudo dos sistemas naturais nos dá uma resposta parcial a esta pergunta: tanto uma como outra. A complexidade das ciências é antes de mais nada a complexidade das equações e dos modelos. Ela é, portanto, produto de nossa cabeça, que é complexa por sua própria natureza. Porém, esta complexidade é a imagem refletida da complexidade dos dados experimentais, que se acumulam sem parar. Ela também está, portanto na natureza das coisas.

Além disso, a física e a cosmologia quânticas nos mostram que a complexidade do Universo não é a complexidade de uma lata de lixo, sem ordem alguma. Uma coerência atordoante reina na relação entre o infinitamente pequeno e o infinitamente grande. Um único termo está ausente nesta coerência: a abertura do finito – o nosso. O indivíduo permanece estranhamente calado diante da compreensão da complexidade. E com razão, pois fora declarado morto. Entre as duas extremidades do bastão – simplicidade e complexidade –, falta o terceiro incluído: o próprio indivíduo.

Uma nova visão do mundo: a transdisciplinaridade

O processo de declínio das civilizações é extremamente complexo e suas raízes estão mergulhadas na mais completa obscuridade. É claro que podemos encontrar várias explicações e racionalizações superficiais, sem conseguir dissipar o sentimento de um irracional atuando no próprio cerne deste processo. Os atores de determinada civilização, das grandes massas aos grandes líderes, mesmo tendo alguma consciência do processo de declínio, parecem impotentes para impedir a queda de sua civilização. Uma coisa é certa: uma grande defasagem entre as mentalidades dos atores e as necessidades internas de desenvolvimento de um tipo de sociedade, sempre acompanha a queda de uma civilização. Tudo ocorre como se os conhecimentos e os saberes que uma civilização não pára de acumular, não pudessem ser integrados no interior daqueles que compõem esta civilização. Ora, afinal, é o ser humano que se encontra ou deveria se encontrar no centro de qualquer civilização digna deste nome.

O crescimento sem precedente dos conhecimentos em nossa época torna legítima a questão da adaptação das mentalidades a estes saberes. O desafio é grande, pois a expansão contínua da civilização de tipo ocidental por todo o planeta torna sua queda equivalente a um incêndio planetário sem termo de comparação com as duas primeiras guerras mundiais.

Para o pensamento clássico só existem duas soluções para sair de uma situação de declínio: a revolução social ou o retorno a uma suposta 'idade de ouro'.

A *revolução social* já foi tentada no decorrer do século XX e seus resultados foram catastróficos. *O homem novo* não passou de um homem vazio e triste. Quaisquer que sejam os retoques cosméticos que o conceito de 'revolução social' venha a sofrer no futuro próximo, eles não poderão apagar de nossa memória coletiva aquilo que efetivamente foi experimentado.

O retorno à *idade de ouro* ainda não foi tentado, pela simples razão de que a idade de ouro não foi encontrada. Mesmo supondo que esta idade de ouro tenha existido em tempos imemoriais, este retorno deveria necessariamente se fazer acompanhar por uma *revolução interior dogmática*, imagem espelhada da revolução social. Os diferentes integrismos religiosos que cobrem a superfície da terra com seu manto negro são um mau presságio da violência e do sangue que poderia jorrar desta caricatura de 'revolução interior'.

No entanto, como sempre, há uma terceira solução. Esta terceira solução é o objeto do presente manifesto.

A harmonia entre as mentalidades e os saberes pressupõe que estes saberes sejam inteligíveis, compreensíveis. Todavia, ainda seria possível existir uma compreensão na era do *big-bang* disciplinar e da especialização exagerada?

Um Pico de la Mirandola é inconcebível em nossa época. Dois especialistas na mesma disciplina têm, hoje em dia, dificuldade em compreender seus resultados recíprocos. Isto nada tem de monstruoso, na medida em que é a inteligência coletiva da comunidade ligada a esta disciplina que a faz progredir e não um único cérebro que teria de conhecer todos os resultados de todos seus colegas-cérebros, o que é impossível. Pois, hoje em dia, existem centenas de disciplinas. Como poderia um físico teórico de partículas dialogar seriamente com um neurofisiologista, um matemático com um poeta, um biólogo com um economista, um político com um especialista em informática, exceto sobre generalidades mais ou menos banais? E no entanto, um verdadeiro *líder* deveria poder dialogar com todos ao mesmo tempo. A linguagem disciplinar é uma barreira aparentemente intransponível para um neófito. E todos somos neófitos uns dos outros. Seria a Torre de Babel inevitável?

No entanto, um Pico de la Mirandola em nossa época é concebível na forma de um supercomputador no qual poderíamos injetar todos os conhecimentos de todas as disciplinas. Este supercomputador poderia tudo saber mas nada compreender. O usuário deste supercomputador não estaria em melhor situação que o próprio supercomputador. Ele teria acesso instantâneo a não importa que resultado de não importa qual disciplina, mas seria incapaz de compreender seus significados e muito menos de fazer ligação entre os resultados das diferentes disciplinas.

Este processo de babelização não pode continuar sem colocar em perigo nossa própria existência, pois faz com que qualquer líder se torne, queira ou não, cada vez mais incompetente. Um dos maiores desafios de nossa época, como por exemplo os desafios de ordem ética, exigem competências cada vez maiores. Mas a soma dos melhores especialistas em suas especialidades não consegue gerar senão uma incompetência generalizada, pois a soma das competências não é a competência: no plano técnico, a intercessão entre os diferentes campos do saber é um conjunto vazio. Ora, o que vem a ser um líder, individual ou coletivo, senão aquele que é capaz de levar em conta todos os dados do problema que examina?

A necessidade indispensável de *laços* entre as diferentes disciplinas traduziu-se pelo surgimento, na metade do século XX, da pluridisciplinaridade e da interdisciplinaridade.

A pluridisciplinaridade diz respeito ao estudo de um objeto de uma mesma e única disciplina por várias disciplinas ao mesmo tempo. Por exemplo, um quadro de Giotto pode ser estudado pela ótica da história da arte, em conjunto com a da física, da química, da história das religiões, da história da Europa e da geometria. Ou ainda, a filosofia marxista pode ser estudada pelas óticas conjugadas da filosofia, da física, da economia, da psicanálise ou da literatura. Com isso, o objeto sairá assim enriquecido pelo cruzamento de várias disciplinas. O conhecimento do objeto em sua própria disciplina é aprofundado por uma fecunda contribuição pluridisciplinar. A pesquisa pluridisciplinar traz um *algo mais* à disciplina em questão (a história da arte ou a filosofia, em nossos exemplos), porém este 'algo mais' está a serviço apenas desta mesma disciplina. Em outras palavras, a abordagem pluridisciplinar ultrapassa as disciplinas, mas *sua finalidade continua inscrita na estrutura da pesquisa disciplinar.*

A interdisciplinaridade tem uma ambição diferente daquela da pluridisciplinaridade. *Ela diz respeito à transferência de métodos de uma disciplina para outra.* Podemos distinguir três graus de interdisciplinaridade: a) *um grau de aplicação.* Por exemplo, os métodos da física nuclear transferidos para a medicina levam ao aparecimento de novos tratamentos para o câncer; b) *um grau epistemológico.* Por exemplo, a transferência de métodos da lógica formal para o campo do direito produz análises interessantes na epistemologia do direito;

c) *um grau de geração de novas disciplinas.* Por exemplo, a transferência dos métodos da matemática para o campo da física gerou a física-matemática; os da física de partículas para a astrofísica, a cosmologia quântica; os da matemática para os fenômenos meteorológicos ou para os da bolsa, a teoria do caos; os da informática para a arte, a arte informática. Como a pluridisciplinaridade, a interdisciplinaridade ultrapassa as disciplinas, *mas sua finalidade também permanece inscrita na pesquisa disciplinar.* Pelo seu terceiro grau, a interdisciplinaridade chega a contribuir para o *big-bang* disciplinar.

A transdisciplinaridade, como o prefixo 'trans' indica, diz respeito àquilo que está ao mesmo tempo entre as disciplinas, *através* das diferentes disciplinas e *além* de qualquer disciplina. Seu objetivo é a *compreensão do mundo presente*, para o qual um dos imperativos é a unidade do conhecimento.

Haveria alguma coisa entre e através das disciplinas e além delas? Do ponto de vista do pensamento clássico, não há nada, absolutamente nada. O espaço em questão é vazio, completamente vazio, como o vazio da física clássica. Mesmo renunciando à visão piramidal do conhecimento, o pensamento clássico considera que cada fragmento da pirâmide, gerado pelo *big-bang* disciplinar, é uma pirâmide inteira; cada disciplina proclama que o campo de sua pertinência é inesgotável. Para o pensamento clássico, a transdisciplinaridade é um absurdo porque não tem objeto. Para a transdisciplinaridade, por sua vez, o pensamento clássico não é absurdo, mas seu campo de aplicação é considerado como restrito.

Diante de vários níveis de Realidade, o espaço entre as disciplinas e além delas está cheio, como o vazio quântico está cheio de todas as potencialidades:

da partícula quântica às galáxias, do quark aos elementos pesados que condicionam o aparecimento da vida no Universo.

A estrutura descontínua dos níveis de Realidade determina *a estrutura descontínua do espaço transdisciplinar*, que, por sua vez, explica porque a pesquisa transdisciplinar é radicalmente distinta da pesquisa disciplinar, mesmo sendo complementar a esta. *A pesquisa disciplinar diz respeito, no máximo, a um único e mesmo nível de Realidade*; aliás, na maioria dos casos, ela só diz respeito a fragmentos de um único e mesmo nível de Realidade. Por outro lado, *a transdisciplinaridade se interessa pela dinâmica gerada pela ação de vários níveis de Realidade ao mesmo tempo*. A descoberta desta dinâmica passa necessariamente pelo conhecimento disciplinar. Embora a transdisciplinaridade não seja uma nova disciplina, nem uma nova hiperdisciplina, alimenta-se da pesquisa disciplinar que, por sua vez, é iluminada de maneira nova e fecunda pelo conhecimento transdisciplinar. Neste sentido, as pesquisas disciplinares e transdisciplinares não são antagônicas mas complementares.

Os três pilares da transdisciplinaridade – os níveis de Realidade, a lógica do terceiro incluído e a complexidade – determinam *a metodologia da pesquisa transdisciplinar.*

Há um paralelo surpreendente entre os três pilares da transdisciplinaridade e os três postulados da ciência moderna.

Os três postulados metodológicos da ciência moderna permaneceram imutáveis desde Galileu até os nossos dias, apesar da infinita diversidade dos métodos, teorias e modelos que atravessaram a história das diferentes disciplinas científicas. No entanto, uma única ciência satisfaz inteira e integralmente os três postulados: a física. As outras disciplinas científicas só satisfazem parcialmente os três postulados metodológicos da ciência moderna. Todavia, a ausência de uma formalização matemática rigorosa da psicologia, da história das religiões e de um número enorme de outras disciplinas não leva à eliminação dessas disciplinas do campo da ciência. Mesmo as ciências de ponta, como a biologia molecular, não podem pretender, ao menos por enquanto, uma formalização matemática tão rigorosa como a da física. Em outras palavras, há *graus de disciplinaridade* proporcionais à maior ou menor satisfação dos três postulados metodológicos da ciência moderna.

Da mesma forma, a maior ou menor satisfação dos três pilares metodológicos da pesquisa transdisciplinar gera diferentes *graus de transdisciplinaridade.* A pesquisa transdisciplinar correspondente a um certo grau de transdisciplinaridade se aproximará mais da multidisciplinaridade (como no caso da ética); num outro grau, se aproximará mais da interdisciplinaridade (como no caso da epistemologia); e, ainda num outro grau, se aproximará mais da disciplinaridade.

A disciplinaridade, a pluridisciplinaridade, a interdisciplinaridade e a transdisciplinaridade são as quatro flechas de um único e mesmo arco: o do conhecimento.

Como no caso da disciplinaridade, a pesquisa transdisciplinar não é antagônica mas complementar à pesquisa pluri e interdisciplinar. A transdisciplinaridade é, no entanto, radicalmente distinta da pluri e da interdisciplinaridade, por sua finalidade: a compreensão do mundo presente, impossível de ser inscrita na pesquisa disciplinar. A finalidade da pluri e da interdisciplinaridade sempre é a pesquisa disciplinar. Se a transdisciplinaridade é tão frequentemente confundida com a inter e a pluridisciplinaridade (como, aliás, a interdisciplinaridade é tão frequentemente confundida com a pluridisciplinaridade), isto se explica em grande parte pelo fato de que todas as três ultrapassam as disciplinas. Esta confusão é muito prejudicial, na medida em que esconde as diferentes finalidades destas três novas abordagens.

Embora reconhecendo o caráter radicalmente distinto da transdisciplinaridade em relação à disciplinaridade, à pluridisciplinaridade e à interdisciplinaridade, seria extremamente perigoso absolutizar esta distinção, pois neste caso a transdisciplinaridade seria esvaziada de todo seu conteúdo e sua eficácia na ação reduzida a nada.

O caráter complementar das abordagens disciplinar, pluridisciplinar, interdisciplinar e transdisciplinar é evidenciado de maneira fulgurante, por exemplo, *no acompanhamento dos agonizantes*. Esta atitude relativamente nova de nossa civilização é extremamente importante, pois, reconhecendo o papel de nossa morte em nossa vida, descobrimos dimensões insuspeitas da própria vida. O acompanhamento dos agonizantes não pode dispensar uma pesquisa transdisciplinar, na medida em que a compreensão do mundo presente passa pela compreensão do sentido de nossa vida e do sentido de nossa morte neste mundo que é o nosso.

Transdisciplinaridade e unidade aberta do mundo

A visão transdisciplinar propõe-nos a consideração de uma Realidade multidimensional, estruturada em múltiplos níveis, substituindo a Realidade unidimensional, com um único nível, do pensamento clássico. Esta constatação não basta, por si só, para justificar uma nova visão do mundo. Antes de mais nada, precisamos responder, da maneira mais rigorosa possível, a várias perguntas. Qual seria a natureza da teoria que pode descrever a passagem de um nível de Realidade a outro? Existiria uma coerência, ou mesmo uma unidade do conjunto dos níveis de Realidade? Qual seria o papel do sujeito-observador na existência de uma eventual unidade de todos os níveis de Realidade? Haveria um nível de Realidade privilegiado em relação a todos os outros níveis? A unidade do conhecimento, se existir, seria de natureza objetiva ou subjetiva? Qual seria o papel da razão na existência de uma eventual unidade do conhecimento? Qual seria, no campo da reflexão e da ação, o poder preditivo do novo modelo de Realidade? Finalmente, seria possível compreender o mundo presente?

A Realidade comporta, segundo o nosso modelo, certo número de níveis. As considerações que se seguem não dependem do fato deste número ser finito ou infinito. Para a clareza terminológica da exposição, vamos supor que este número seja infinito.

Dois níveis adjacentes estão ligados pela lógica do terceiro incluído, no sentido de que o estado T presente num certo nível, está ligado a um par de contraditórios (A, não-A) do nível imediatamente vizinho. O estado T produz a unificação dos contraditórios A e não-A, mas esta unificação ocorre num nível diferente daquele onde estão situados A e não-A. Neste processo o axioma da não-contradição é respeitado. Isto significa que podemos com isso obter uma teoria completa capaz de dar conta de todos os resultados conhecidos e vindouros? A resposta a esta pergunta tem apenas um interesse teórico, pois toda ideologia ou todo fanatismo que tenha como ambição mudar a face do mundo estão baseados na crença de que seu enfoque é *completo*. As ideologias ou os fanatismos em questão acreditam deter a verdade, toda a verdade.

Há certamente uma *coerência* entre os diferentes níveis de Realidade, ao menos no mundo natural. Com efeito, uma vasta *autoconsistência* parece reger a evolução do Universo, do infinitamente pequeno ao infinitamente grande, do infinitamente breve ao infinitamente longo. Por exemplo, uma mínima variação da constante de junção das interações fortes entre as partículas quânticas conduziria, no nível do infinitamente grande – o nosso universo –, seja à conversão de todo hidrogênio em hélio, seja à inexistência dos átomos complexos como o carbono. Ou ainda, uma mínima variação da constante junção gravitacional conduziria seja a planetas efêmeros, seja à impossibilidade de sua formação. Além disso, segundo as teorias cosmológicas atuais, o Universo parece capaz *de criar a si mesmo* sem qualquer intervenção externa. Um fluxo de informação transmite-se de maneira coerente de um nível de Realidade a outro nível de Realidade de nosso universo físico.

A lógica do terceiro incluído pode descrever a coerência entre os níveis de Realidade pelo processo interativo compreendendo as seguintes etapas: 1. um par de contraditórios (A, não-A) situado num certo nível de realidade é unificado por um estado T situado num nível de Realidade imediatamente vizinho; 2. por sua vez, este estado T está ligado a um par de contraditórios (A', não-A'), situado em seu próprio nível; 3. o par de contraditórios (A', não-A') está, por sua vez, unido por um estado T' situado num nível diferente de Realidade, imediatamente vizinho daquele onde se encontra o ternário (A', não-A', T). O processo interativo continua infinitamente até o esgotamento de todos os níveis de Realidade conhecidos ou concebíveis.

Em outras palavras, a ação da lógica do terceiro incluído sobre os diferentes níveis de Realidade induz uma estrutura *aberta, gödeliana,* do conjunto dos níveis de Realidade. Esta estrutura tem um alcance considerável sobre a teoria do conhecimento, pois implica na impossibilidade de uma teoria completa, fechada em si mesma.

Com efeito, o estado T produz, de acordo com o axioma da não-contradição, a unificação do par de contraditórios (A, não-A) mas está associado, ao mesmo tempo, a outro par de contraditórios, (A', não-A'). Isto significa que podemos construir, a partir de um certo número de pares mutuamente exclusivos, uma nova teoria, que elimina as contradições num certo nível de Realidade, mas esta teoria é apenas temporária, pois levará inevitavelmente, sob a pressão conjunta da teoria e da experiência, à descoberta de novos pares de contraditórios, localizados no novo nível de Realidade. Portanto, esta teoria será, por sua vez, substituída, à medida que novos níveis de Realidade forem descobertos, por teorias ainda mais unificadas. Este processo continuará ao infinito, sem jamais poder chegar a uma teoria completamente unificada. O axioma da não-contradição sai cada vez mais reforçado deste processo. Neste sentido, podemos falar de uma *evolução do conhecimento*, sem jamais poder chegar a uma não-contradição absoluta, implicando todos os níveis de Realidade: o conhecimento está *aberto* para sempre. No mundo dos níveis de Realidade *per se*, aquilo que está em cima é como aquilo que está embaixo, mas aquilo que está embaixo não é como aquilo que está em cima. A matéria mais fina penetra a matéria mais grosseira, como a matéria quântica penetra a matéria macrofísica, mas a afirmação recíproca não é verdadeira. Os *graus de materialidade* colocam uma flecha de orientação da transmissão da informação de um nível para outro. Neste sentido, "o que está embaixo não é como ao que está em cima", as palavras 'alto' e 'baixo' não tendo aqui nenhum outro significado (espacial ou moral) senão aquele, topológico, associado à flecha da transmissão da informação. Esta flecha está associada, por sua vez, à descoberta de leis cada vez mais gerais, unificantes, englobantes.

A estrutura aberta do conjunto dos níveis de Realidade está de acordo com um dos resultados científicos mais importantes do século XX: o teorema de Gödel, que diz respeito à aritmética. O teorema de Gödel nos diz que um sistema de axiomas suficientemente rico leva, inevitavelmente, a resultados quer indecidíveis, quer contraditórios.

O alcance do teorema de Gödel é de considerável importância para toda teoria moderna do conhecimento. Primeiro, ele não se refere apenas ao campo da aritmética, mas a toda matemática, inclusive a aritmética. Ora, a matemática, que é a ferramenta básica da física teórica, contém, evidentemente, a aritmética. Isto significa que toda pesquisa de uma teoria física completa é ilusória. Se esta afirmação for verdadeira para os domínios mais rigorosos do estudo dos sistemas naturais, como poderíamos sonhar com uma teoria completa num campo infinitamente mais complexo: o das ciências humanas?

De fato, a procura de uma axiomática que conduza a uma teoria completa (sem resultados indecidíveis ou contraditórios) marca ao mesmo tempo o apogeu e o ponto de partida do declínio do pensamento clássico. O sonho axiomático desmoronou com o veredito do santo dos santos do pensamento clássico: o rigor matemático.

O teorema que Gödel demonstrou em 1931 teve, no entanto, uma repercussão muito pequena fora de um círculo muito restrito de especialistas. A dificuldade e a extrema sutileza de sua demonstração explicam porque este teorema precisou de um certo tempo para ser compreendido dentro da comunidade dos matemáticos. Atualmente, ele começa a penetrar aos poucos no mundo dos físicos (Wolfgang Pauli, um dos fundadores da mecânica quântica, foi um dos primeiros físicos a compreender a extrema importância do teorema de Gödel para a construção das teorias físicas). Deveríamos então reprovar Stalin por não ter tomado conhecimento do teorema de Gödel e com isso não ter assim podido evitar a queda, póstuma, de seu império?

A estrutura gödeliana do conjunto dos níveis de Realidade, associada à lógica do terceiro incluído, implica a impossibilidade de elaborar uma teoria completa para descrever a passagem de um nível ao outro e, *a fortiori,* para descrever o conjunto dos níveis de Realidade.

A unidade que liga todos os níveis de Realidade, se existir, deve necessariamente ser uma *unidade aberta.*

É verdade que há uma coerência no conjunto dos níveis de Realidade, mas esta coerência é *orientada*:

uma flecha está associada a toda transmissão de informação de um nível ao outro. Consequentemente, a coerência, se estiver limitada apenas aos níveis de Realidade, pára no nível mais 'alto' e no nível mais 'baixo'. Para que a coerência continue para além destes dois níveis limites, para que haja uma unidade aberta, é preciso considerar que o conjunto dos níveis de Realidade prolongue-se para uma *zona de não-resistência* às nossas experiências, representações, descrições, imagens ou formalizações matemáticas. Esta zona de não-resistência corresponde, em nosso modelo de Realidade, ao 'véu' daquilo que Bernard d'Espagnat denomina 'o real velado'. O nível mais 'alto' e o nível mais 'baixo' do conjunto dos níveis de Realidade unem-se através de uma zona de transparência absoluta. Contudo, estes dois níveis sendo diferentes, a transparência absoluta mostra-se como um véu, do ponto de vista de nossas experiências, representações, descrições, imagens ou formalizações matemáticas. De fato, a unidade aberta do mundo implica em que aquilo que está 'embaixo' é como o que está 'em cima'. O isomorfismo entre o 'alto' e o 'baixo' é restabelecido pela zona de não-resistência.

A não-resistência desta zona de transparência absoluta deve-se, simplesmente, aos limites de nosso corpo e de nossos órgãos dos sentidos, quaisquer que sejam os instrumentos de medida que prolonguem estes órgãos. Se afirmamos o limite de nosso corpo e de nossos órgãos dos sentidos, a afirmação de um conhecimento humano infinito (que exclua qualquer zona de não-resistência), parece-nos uma mágica lingüística. A zona de não-resistência corresponde ao *sagrado*, isto é, àquilo que não se submete a nenhuma racionalização. A proclamação da existência de um único nível de Realidade elimina o sagrado, às custas da autodestruição deste mesmo nível.

O conjunto dos níveis de Realidade e sua zona complementar de não-resistência constituem o *Objeto* transdisciplinar.

Na visão transdisciplinar, *a pluralidade complexa e a unidade aberta são duas facetas de uma única e mesma Realidade.*

Um novo *Princípio de Relatividade* emerge da co-existência entre a pluralidade complexa e a unidade aberta: *nenhum nível de Realidade constitui um lugar privilegiado de onde possamos compreender todos os outros níveis de Realidade.* Um nível de Realidade é aquilo que é porque todos os outros níveis existem ao mesmo tempo. Este Princípio de Relatividade dá origem a uma nova maneira de olhar a religião, a política, a arte, a educação, a vida social. E quando nossa visão de mundo muda, o mundo muda. Na visão transdisciplinar, a Realidade não é apenas multidimensional, é também multireferencial.

Os diferentes níveis de Realidade são acessíveis ao conhecimento humano graças à existência de diferentes *níveis de percepção*, que se acham em correspondência biunívoca com os níveis de Realidade. Estes níveis de percepção permitem uma visão cada vez mais geral, unificante, englobante da Realidade, sem jamais esgotá-la completamente.

A coerência dos níveis de percepção pressupõe, como no caso dos níveis de Realidade, uma zona de *não-resistência* à percepção.

O conjunto dos níveis de percepção e sua zona complementar de não-resistência constituem o *Sujeito* transdisciplinar.

As duas zonas de não-resistência do Objeto e do Sujeito transdisciplinares devem ser idênticas para que o Sujeito transdisciplinar possa se comunicar com o Objeto transdisciplinar. *Ao fluxo de informação que atravessa de maneira coerente os diferentes níveis de Realidade corresponde um fluxo de consciência atravessando de maneira coerente os diferentes níveis de percepção.* Os dois fluxos estão numa relação de *isomorfismo* graças à existência de uma única e mesma zona de não-resistência. O conhecimento não é nem exterior, nem interior: é ao mesmo tempo exterior e interior. O estudo do Universo e o estudo do ser humano sustentam-se mutuamente. A zona de não-resistência desempenha o papel do *terceiro secretamente incluído*, que permite a unificação, em suas diferenças, do Sujeito transdisciplinar e do Objeto transdisciplinar.

O papel do terceiro termo explícita ou secretamente incluído, no novo modelo transdisciplinar de Realidade, não é tão surpreendente. As palavras *três* e *trans* tem a mesma raiz etimológica: 'três' significa 'a transgressão do dois, o que vai além do dois'. A transdisciplinaridade é a transgressão da dualidade que opõe os pares binários: sujeito/objeto, subjetividade/objetividade, matéria/consciência, natureza/divino, simplicidade/complexidade, reducionismo/holismo, diversidade/unidade. Esta dualidade é transgredida pela unidade aberta que engloba tanto o Universo como o ser humano.

O modelo transdisciplinar de Realidade tem consequências particularmente importantes no estudo da complexidade. A complexidade, sem seu polo contraditório, a simplicidade, aparece como uma *distância* cada vez maior entre o ser humano e a Realidade, introduzindo uma alienação autodestrutiva do ser humano, mergulhado no absurdo de seu destino. À complexidade infinita do Objeto transdisciplinar responde a simplicidade infinita do Sujeito transdisciplinar, da mesma forma que a complexidade terrificante de um único nível de Realidade pode significar a simplicidade harmoniosa de um outro nível de Realidade.

A unidade aberta entre o Objeto transdisciplinar e o Sujeito transdisciplinar se traduz pela orientação coerente do fluxo de informação que atravessa os níveis de Realidade e pelo fluxo de consciência que atravessa os níveis de percepção. Esta orientação coerente dá um novo sentido à *verticalidade do ser humano no mundo*. Em lugar da postura ereta sobre esta terra devida à lei de gravidade universal, a visão transdisciplinar propõe a verticalidade consciente e cósmica da passagem através de diferentes níveis de Realidade. É esta verticalidade que constitui, na visão transdisciplinar, o fundamento de todo projeto social viável.

Morte e ressurreição da Natureza

A modernidade é particularmente mortífera. Ela inventou toda espécie de 'morte' e de 'fim': a morte de Deus, a morte do homem, o fim das ideologias, o fim da História. Mas há uma morte da qual se fala bem menos, por vergonha ou ignorância: *a morte da Natureza*. A meu ver, esta morte da Natureza é a origem de todos os outros conceitos mortíferos que acabamos de invocar. Em todo caso, a própria palavra 'Natureza' acabou por desaparecer do vocabulário científico. É claro que o homem comum e até o homem de ciência (em suas obras de vulgarização) ainda utilizam esta palavra, mas numa acepção confusa, sentimental, como uma reminiscência mágica. Como chegamos a isto?

Desde a noite dos tempos, o homem não parou de modificar sua visão da Natureza. Os historiadores das ciências concordam em dizer que, apesar das aparências, não há uma única e mesma Natureza através dos tempos. O que poderia haver em comum entre a Natureza do homem chamado 'primitivo', a Natureza dos gregos, a Natureza da época de Galileu, do Marquês de Sade, de Laplace ou de Novalis? Nada, além do próprio homem. A visão da Natureza numa determinada época depende do imaginário predominante nesta época que, por sua vez, depende de inúmeros parâmetros: o grau de desenvolvimento das ciências e das técnicas, a organização social, a arte, a religião etc. Uma vez formada, a imagem da Natureza age sobre todos os campos do conhecimento. A passagem de uma visão à outra não é progressiva, contínua;

ela se dá através de rupturas bruscas, radicais, descontínuas. Muitas visões contraditórias podem até mesmo coexistir. A extraordinária diversidade de visões da Natureza explica porque não podemos falar da Natureza, mas apenas de uma certa natureza correspondente ao imaginário da época considerada.

É importante assinalar que a relação privilegiada, se não exclusiva, entre a Natureza e a ciência não passa de um preconceito recente, baseado na ideologia do cientificismo do século XIX. A realidade histórica é bem mais complexa. A imagem da Natureza sempre teve ação multiforme: ela influenciou não apenas a ciência, mas também a arte, a religião, a vida social. Isto poderia explicar estranhas sincronicidades. Limito-me a dar um único exemplo: o aparecimento simultâneo, no fim do século XX, da teoria do fim da História e das teorias de unificação na física de partículas. As teorias de unificação na física têm como ambição elaborar uma abordagem completa, fundada numa interação única e que poderá tudo prever (de onde o nome de "Teoria do Todo"). É evidente que se tal teoria surgir no futuro, isto significará o fim da física fundamental, pois nada mais haverá para se buscar. É interessante observar que as idéias do fim da História e do fim da física tenham podido surgir simultaneamente de nosso imaginário 'fim de século'. Seria uma simples coincidência?

Apesar da abundante e fascinante diversidade das imagens da Natureza, podemos assim mesmo distinguir três grandes etapas: *a Natureza mágica, a Natureza máquina e a morte da Natureza.*

Para o pensamento mágico a Natureza é um organismo vivo, dotado de inteligência e de consciência. O postulado fundamental do pensamento mágico é o da interdependência universal: a Natureza não pode ser concebida fora de suas relações com o homem. Tudo é signo, traço, assinatura, símbolo. A ciência, na acepção moderna da palavra, é inútil.

No outro extremo, o pensamento mecanicista do século XVIII e sobretudo do século XIX (predominante ainda hoje), concebe a Natureza não como um organismo mas como uma máquina, a qual basta desmontar peça por peça para possui-la inteiramente. O postulado fundamental do pensamento mecanicista é que a Natureza pode ser conhecida e conquistada pela metodologia científica, definida de uma maneira completamente independente do homem e separada dele. A visão triunfalista de 'conquista da Natureza' mergulha suas raízes na temível eficácia tecnológica deste postulado.

Alguns cientistas, artistas ou filósofos sentiram claramente o perigo mortal do pensamento mecanicista. Assim apareceu a corrente antagônica da *Naturphilosophie* alemã, centrada em torno da revista *Athenaeum*. Poderíamos citar nomes importantes como Schelling, Schlegel, Novalis, Ritter, sem esquecer Goethe. A obra de Jakob Boehme inspirou a *Naturphilosophie*. Vista de nosssa época, a *Naturphilosophie* pode parecer como uma deformação grotesca e uma manipulação grosseira da ciência, como um caminho sem saída na tentativa irrisória de um retorno ao pensamento mágico e a uma Natureza vivente. No entanto, como ocultar o fato de que esta Filosofia da Natureza gerou pelo menos duas descobertas científicas maiores: a teoria celular e, sobretudo, o eletromagnetismo (Oersted, 1820)? Creio que o único erro da *Naturphilosophie* foi o de ter aparecido dois séculos antes da hora: faltava-lhe a tripla mutação quântica, tecnológica e informática.

A consequência lógica da visão mecanicista é a morte da Natureza, o desaparecimento do conceito de

Natureza do campo científico. A Natureza-máquina, com ou sem o Deus relojoeiro do início da visão mecanicista, decompõe-se num conjunto de peças separadas. A partir de então, nenhuma necessidade de um Todo coerente, de um organismo vivo ou mesmo de uma máquina que conservasse, apesar de tudo, um alento final. A Natureza está morta. Resta a complexidade. Uma complexidade inusitada que invadiu todos os campos do conhecimento, do infinitamente pequeno ao infinitamente grande. Porém, esta complexidade é vista como acidental, sendo o próprio homem considerado como um acidente da complexidade. Visão divertida, que nos remete ao nosso próprio mundo tal como o vivemos hoje.

A morte da Natureza é incompatível com a interpretação coerente dos resultados da ciência contemporânea, apesar da persistência da atitude neo-reducionista que dá uma importância exclusiva aos tijolos fundamentais da matéria e às quatro interações físicas conhecidas. Segundo a atitude neo-reducionista, recorrer à Natureza é sempre supérfluo e nem sequer tem sentido. Contudo, qualquer que seja a resistência das atitudes retrógradas, chegou o momento da ressurreição da Natureza. Na verdade, a Natureza só está morta para uma certa visão do mundo: a visão clássica.

A objetividade estrita do pensamento clássico já não é válida no mundo quântico. Uma separação total entre o observador e uma Realidade suposta completamente independente deste observador, conduz a paradoxos intransponíveis. Uma noção mais fina de objetividade caracteriza o mundo quântico. A 'objetividade' depende do nível de Realidade considerado.

O *vazio vazio* da física clássica é substituído pelo *vazio cheio* da física quântica. A menor região do espaço está animada por uma extraordinária atividade, sinal de um movimento perpétuo. As flutuações quânticas do vazio determinam o súbito aparecimento de pares partículas/antipartículas virtuais que se aniquilam reciprocamente em intervalos extremamente curtos de tempo. Tudo se passa como se os quanta de matéria fossem criados a partir do nada. Um metafísico poderia dizer que o vazio quântico é uma manifestação de uma das faces de Deus: Deus, o Nada. Em todo caso, no vazio quântico tudo é vibração, uma flutuação entre o ser e o não-ser. O vazio quântico está cheio, cheio de todas as potencialidades: da partícula ao universo. Fornecendo energia ao vazio quântico, podemos ajudá-lo a materializar suas potencialidades. É exatamente o que fazemos construindo os aceleradores de partículas. E é precisamente quando certos umbrais energéticos são atingidos, que partículas que já não são virtuais mas reais subitamente se materializam, sendo literalmente puxadas do nada. Estas partículas têm um caráter artificial, no verdadeiro sentido da palavra. Nosso mundo, o mundo macrofísico, parece ser construído de maneira extremamente econômica: o próton, o nêutron e o elétron são suficientes para construir a quase totalidade de nosso universo visível. Porém, o homem conseguiu criar, a partir do nada, centenas de outras partículas: hádrons, léptons, bósons eletrofracos.

O próprio espaço-tempo deixou de ser um conceito imutável. Nosso espaço-tempo contínuo de quatro dimensões não é o único espaço-tempo concebível. Em certas teorias físicas, ele aparece antes como uma aproximação, uma 'seção' de um espaço-tempo muito mais rico enquanto gerador de fenômenos possíveis. As dimensões suplementares não são produto de uma simples especulação intelectual. De um lado, estas dimensões são necessárias para assegurar a autoconsistência da teoria e a eliminação de certos aspectos indesejáveis.

Por outro lado, elas não têm um caráter puramente formal: têm consequências físicas em nossa própria escala. Por exemplo, de acordo com certas teorias cosmológicas, se no 'começo' do *big-bang* o Universo estivesse associado a um espaço-tempo multidimensional, as dimensões suplementares ficariam escondidas para sempre, inobserváveis, mas seus vestígios seriam precisamente as interações físicas conhecidas. Generalizando o exemplo fornecido pela física de partículas, é concebível que certos níveis de Realidade correspondam a um espaço-tempo diferente daquele que caracteriza nosso próprio nível. Com isso, a própria complexidade vai depender da natureza do espaço-tempo.

Segundo as concepções científicas atuais, a matéria está longe de se identificar com a substância. Assistimos, no mundo quântico, a uma perpétua transformação energia/substância/informação, o conceito de *energia* aparecendo como o conceito unificador; a *informação* é uma energia codificada, enquanto a *substância* é uma energia concretizada. Na física contemporânea, o próprio espaço-tempo não surge como um receptáculo onde estão mergulhados os objetos materiais: ele é uma consequência da presença da matéria. A *matéria* está associada a um complexo substância/energia/informação/espaço-tempo. O grau de materialidade quântica é, na verdade, diferente do grau de materialidade considerado pela física clássica.

A complexidade muda de natureza. Ela já não é uma complexidade redutível diretamente à simplicidade. Os diferentes graus de materialidade correspondem a diferentes *graus de complexidade*: a complexidade extrema de um nível de Realidade pode ser concebida como simplicidade em relação a um outro nível de Realidade, mas a exploração deste segundo nível revela que ele é, por sua vez, de uma extrema complexidade em relação a suas próprias leis. Esta estrutura em graus de complexidade, está intimamente ligada à *estrutura gödeliana da Natureza e do conhecimento*, induzida pela existência dos diferentes níveis de Realidade. A própria noção de *leis da Natureza* muda completamente seu conteúdo em relação à visão clássica. A situação pode ser resumida pelas três teses formuladas pelo físico Walter Thirring:

1. *As leis de qualquer nível inferior não são completamente determinadas pelas leis do nível superior.* Assim, noções bem ancoradas no pensamento clássico, como 'fundamental' e 'acidental' devem ser reexaminadas. Aquilo que é considerado fundamental num certo nível pode parecer acidental num nível superior e aquilo que é considerado acidental ou incompreensível num certo nível pode parecer fundamental num nível superior.

2. *As leis de um nível inferior dependem mais das circunstâncias de seu surgimento do que de leis do nível superior.* As leis de um certo nível dependem essencialmente da configuração local à qual elas se referem. Há portanto uma espécie de autonomia local do nível de Realidade respectivo. No entanto, algumas ambigüidades internas relativas às leis do nível inferior são resolvidas pela consideração das leis do nível superior. É a autoconsistência das leis que reduz a ambigüidade das leis.

3. *A hierarquia das leis evoluiu ao mesmo tempo que o próprio Universo.* Em outras palavras, assistimos ao nascimento de leis na medida da evolução do Universo. Estas leis preexistem ao 'começo' do Universo como potencialidades. É a evolução do Universo que atualiza estas leis e sua hierarquia.

Um modelo transdisciplinar da Natureza deve integrar todas estas características novas do universo físico. De acordo com o modelo transdisciplinar da Realidade, podemos distinguir três aspectos maiores da Natureza:

1) *Natureza objetiva*, ligada às propriedades naturais do Objeto transdisciplinar; a Natureza objetiva está submetida a uma *objetividade subjetiva*. Esta objetividade é subjetiva na medida em que os níveis de Realidade estão ligados aos níveis de percepção. A ênfase, contudo, é colocada na objetividade, na medida em que a metodologia é a da ciência.

2) *A Natureza subjetiva*, ligada às propriedades naturais do Sujeito transdisciplinar. Esta subjetividade é objetiva na medida em que os níveis de percepção estão ligados aos níveis de Realidade. A ênfase, contudo, é colocada na subjetividade, na medida em que a metodologia é a da ciência antiga do ser, que atravessa todas as tradições e religiões do mundo.

3) *A trans-Natureza*, ligada à comunidade de natureza entre o Objeto transdisciplinar e o Sujeito transdisciplinar. A trans-Natureza diz respeito ao campo do sagrado. Ela não pode ser abordada sem a consideração simultânea dos dois outros aspectos da Natureza.

A Natureza transdisciplinar tem uma estrutura ternária (Natureza objetiva, Natureza subjetiva, trans-Natureza), que define a *Natureza viva*. Esta Natureza é viva pois nela a vida está presente em todos seus graus e seu estudo exige a integração de uma *experiência vivida*. Os três aspectos da Natureza devem ser considerados simultaneamente, em sua inter-relação e sua conjunção em todo fenômeno da Natureza viva. O estudo da Natureza viva pede uma nova metodologia – a metodologia transdisciplinar –, que é diferente tanto da metodologia da ciência moderna como da metodologia da ciência antiga do ser. É a co-evolução do ser humano e do universo que pede uma nova metodologia. A riqueza da Natureza viva dá uma medida do que poderia ser, a mais ou menos longo prazo, o advento de uma *ecologia transdisciplinar*.

Uma tarefa prioritária da transdisciplinaridade é a elaboração de uma nova *Filosofia da Natureza*, mediadora privilegiada do diálogo entre todos os campos do conhecimento.

A definição da Natureza que proponho não significa nem um retorno ao pensamento mágico, nem um retorno ao pensamento mecanicista, pois ela repousa na dupla afirmação: 1) o ser humano pode estudar a Natureza através da ciência; 2) a Natureza não pode ser concebida fora de sua relação com o ser humano.

Na verdade, 'Natureza viva' é um pleonasmo, pois a palavra 'Natureza' está intimamente ligada à palavra 'nascimento'. A palavra latina *natura* tem como raiz *nasci* (nascer) e designa a ação de fazer nascer, tal como os órgãos femininos de reprodução. A Natureza viva é a matriz do autonascimento do homem.

Galileu teve a visão da Natureza como um texto em linguagem matemática que bastava ser decifrado e lido. Esta visão, que atravessou os séculos, revelou-se de uma eficácia tremenda. No entanto, hoje sabemos que a situação é muito mais complexa. *A Natureza se mostra a nós antes como um pré-texto: o livro da Natureza não deve portanto ser lido, mas escrito.*

O ser humano sempre sonhou ver seu rosto refletido no espelho da Natureza.

O espelho do pensamento mágico é, como se espera, um espelho mágico: tudo pode ser visto, percebido, vivido, pelo menos potencialmente, neste espelho. A unidade é atualizada e a diversidade potencializada.

O espelho do pensamento mecanicista é antes um espelho quebrado, um bisturi. Basta retirar um pedaço de tecido deste espelho-bisturi para se pronunciar sobre toda a Natureza-máquina. O pedaço de tecido é concebido como uma cópia do universal. O instrumento privilegiado da leitura da imagem fornecida por este espelho tão particular é a *teoria*, cada vez mais formalizada no plano matemático. Etimologicamente 'teoria' quer dizer ação de observar, fruto de contemplação intelectual, ação de ver um espetáculo, de assistir a uma festa. Para o pensamento mecanicista, a festa transforma-se em conquista e o espetáculo, em leitura de um livro escrito anteriormente, o livro da Natureza. Pouco importa por quem ou para que foi escrito este livro, desde que ele nos seja inteiramente acessível, abrindo-nos assim as portas de um poder ilimitado.

O espelho transdisciplinar encontra-se ao mesmo tempo entre e além de todos os campos do conhecimento. O mundo clássico é o mundo da figuração, enquanto o mundo transdisciplinar é o da transfiguração. *Ao retrato da Natureza sucede o ícone.*

A palavra 'espelho' vem do latim *mirare* que quer dizer 'olhar com espanto'. A ação de 'olhar' pressupõe dois elementos: o que olha e o que é olhado. De onde vem o espanto, se não da inclusão do terceiro?

Na obra *A Conferência dos Pássaros*, Attar – poeta persa do século XII – descreve-nos a longa viagem dos pássaros em busca de seu verdadeiro rei, o Simorg. Os pássaros atravessam sete vales, cheios de perigos e de maravilhas. O sexto vale é o do 'espanto'. Lá, é dia e noite ao mesmo tempo, vê-se e não se vê, existe-se e não se existe, as coisas são ao mesmo tempo vazias e cheias. No fim de sua viagem de provas, os pássaros encontram um espelho, onde eles podem enfim ser vistos e reconhecidos.

Homo sui transcendentalis

Uma manifestação espetacular da correspondência entre os níveis de percepção do ser humano e os níveis de Realidade do universo físico é fornecida pela evolução, através do tempo, das ferramentas e dos instrumentos de medição. Desde sua aparição sobre a Terra, o ser humano inventa as ferramentas para obter o alimento necessário à subsistência de seu corpo e para se proteger de um ambiente hostil. Estas ferramentas representam um verdadeiro prolongamento dos órgãos dos sentidos do corpo, mas este prolongamento está limitado inicialmente à exploração do ambiente próximo ao corpo. Em seguida, o ser humano descobre que pode *trans-portar* seu próprio corpo, levá-lo bem além de uma distância restrita à medida de seu próprio corpo. A princípio, este deslocamento é horizontal, segundo a lei da gravidade que acorrenta o corpo à terra. Porém, o ser humano sonha livrar-se da cadeia da gravidade terrestre. Seria um acaso Ícaro ser filho de Dédalo, inventor do labirinto concebido para prender o Minotauro? Há apenas um século este sonho se realizou: o deslocamento tornou-se vertical. O vôo dos aviões e dos foguetes interplanetários antecipa uma outra viagem vertical: através de diferentes níveis de Realidade.

O desejo inexorável do ser humano de transgredir seu próprio corpo culminou nos dias de hoje na *transformação* potencial de sua memória genética, herdeira da aventura imemorial do planeta Terra, a fim de dar nascimento a este mesmo corpo.

No entanto, foi a visão que sofreu a mutação mais radical por meio de seu prolongamento tecnocientífico. A violação do campo da visão acelera-se com o aparecimento da luneta astronômica. Galileu orienta sua luneta para o céu e descobre, em alguns meses, um novo mundo, que se entreabre aos olhos maravilhados do fundador da ciência moderna. Os telescópios gigantescos da atualidade não fazem senão aumentar esta aceleração da exploração da escala do infinitamente grande.

Na outra direção, a do infinitamente pequeno, um fato inesperado parece deter esta violação do campo visual. Os microscópios chocam-se contra o muro quântico. As partículas quânticas são, rigorosamente falando, invisíveis, pois são não localizáveis. Contudo, a capacidade inventiva do homem é inesgotável. Ele inventa instrumentos de exploração deste mundo aparentemente proibido. Os aceleradores de partículas são, para o mundo quântico, o que os microscópios e os telescópios são para o mundo clássico. As partículas marcam sua presença pelo número de golpes registrados pelos medidores eletrônicos. Suas propriedades são reconstruídas eletronicamente e as leis quânticas são assim verificadas com precisão cada vez maior. A descoberta do novo mundo quântico é um acontecimento comparável ao da descoberta do novo mundo celeste, do tempo de Galileu. Um outro céu abre-se para o infinitamente pequeno. A violação do campo visual levou a uma *trans-visão*: um novo nível de Realidade pode ser explorado com os meios da ciência. A exploração, antes do mundo quântico, ia do visível para o visível, enquanto agora vai do visível para o invisível, isto é, para o que está *além* do visível.

A compreensão deste novo nível de Realidade

apóia-se numa dupla percepção: uma percepção externa, graças às partículas quânticas que se movem nos aceleradores, agindo assim como verdadeiras 'sondas' do mundo quântico, mas também uma percepção interna, manifestação daquilo que podemos chamar de *imaginário quântico*. Nós mesmos não podemos explorar o mundo quântico, pois não somos entidades quânticas. Contudo, podemos perceber este mundo quântico se fizermos um esforço para integrar, em nós, a informação paradoxal que nos é fornecida pela teoria e pela experiência científicas. Este esforço passa primeiro por um *silêncio* interior: fazer calar o pensamento habitual, baseado na percepção da escala macrofísica. O pensamento habitual é extremamente tagarela: ele nos diz sem parar o que é verdadeiro e o que é falso e fabrica continuamente imagens adaptadas à nossa escala macrofísica. Todavia, como perceber a unidade dos contraditórios se o pensamento habitual nos fala de verdade absoluta e de falsidade absoluta? Como imaginar a descontinuidade se as imagens habituais nos dizem que seria como se tentássemos subir uma escada cujos degraus não estivessem ligados entre si? Como perceber a não-separabilidade se o pensamento habitual nos diz que tudo, neste mundo, está separado? Fazer calar o pensamento habitual também significa abolir a multidão de imagens macrofísicas que o acompanham. Neste momento de silêncio, desconcertante e sentido como desestabilizador pelo pensamento habitual, descobrimos que existe, em nosso próprio funcionamento, um nível de percepção natural da unidade dos contraditórios. Assim como o mundo quântico está escondido no mundo macrofísico, este novo grau de percepção está escondido em nossa percepção habitual, macrofísica. É por isto que as crianças pequenas consideram normal o que é contado nos contos de fadas: a percepção do terceiro incluído ainda não teve tempo para ser recoberta pela informação sempre crescente trazida pela exploração da escala macrofísica, isto é, por nossa vida cotidiana. Observações científicas recentes mostram que os bebês têm uma percepção global do ambiente a seu redor: para eles o natural é a não-separabilidade e a separabilidade é que deve ser penosamente apreendida. Eles têm, não obstante, um pensamento, que precede o pensamento conceitual.

De certa maneira, às portas do mundo quântico devemos voltar a ser crianças: sacrificar nossos hábitos de pensamento, nossas certezas, nossas imagens. Pois o imaginário quântico é um imaginário sem imagens. Uma verdadeira *trans-figuração* funciona da seguinte maneira: além das imagens macrofísicas, outro campo da Realidade se oferece ao nosso conhecimento.

A compreensão do mundo quântico passa, portanto, por uma *experiência vivida*, que integra o saber – baseado na teoria e na experiência científica – em nosso próprio ser, fazendo-nos descobrir em nós mesmos um novo nível de percepção. A palavra 'teoria' encontra assim seu sentido etimológico, o de 'contemplação'.

A descoberta do acordo entre um nível de percepção e um nível de Realidade é crucial para nosso comportamento na vida cotidiana. Na falta desta descoberta, o pensamento macrofísico se apodera do novo nível de Realidade, reduzindo-o a suas próprias normas, mutilando-o e manipulando-o de tal maneira que as consequências só podem ser nefastas. Estamos na situação de Prometeu, que roubou o fogo do céu. Seu nome quer dizer *aquele que prevê*. Descobrimos o fogo que está escondido nas entranhas do átomo. Pandora, enviada à Terra por Zeus, seduziu o irmão de Prometeu, Epimeteu, cujo nome quer dizer *aquele que refletiu tarde demais*. Também estamos na situação de Epimeteu. Abrimos a caixa de Pandora, liberando o fogo atômico. Entre Prometeu e Epimeteu, entre aquele que prevê e aquele que reflete tarde demais, somos obrigados a encontrar a posição justa, aquela de quem compreende e age.

O acordo entre Sujeito transdisciplinar e Objeto transdisciplinar passa pelo acordo entre os níveis de percepção e os níveis de Realidade. A dicotomia clássica real-imaginário desaparece assim na visão transdisciplinar. Um nível de Realidade é uma dobra do conjunto dos níveis de percepção e um nível de percepção é uma dobra do conjunto dos níveis de Realidade. O real é uma dobra do imaginário e o imaginário é uma dobra do real. Os antigos tinham razão: existe mesmo uma *imaginatio vera*, um imaginário fundador, verdadeiro, criador, visionário.

De dobra em dobra, o homem inventa a si mesmo.

Os diferentes *níveis de compreensão* resultam da integração harmoniosa do conhecimento de diferentes níveis de Realidade e do conhecimento de diferentes níveis de percepção. A Realidade sendo múltipla e complexa, os níveis de compreensão são múltiplos e complexos. No entanto, a Realidade sendo também uma unidade aberta, os diferentes níveis de compreensão estão ligados entre si num único Todo aberto, que inclui tanto o Sujeito transdisciplinar como o Objeto transdisciplinar. Este Todo abre-se para a zona de não-resistência do sagrado, que é comum ao Sujeito e ao Objeto. Esta zona, que é uma zona de não-resistência quando o Sujeito e o Objeto são considerados separadamente, surge paradoxalmente como uma zona de *resistência absoluta* quando o Sujeito e o Objeto são unificados. Pois esta zona resiste a toda compreensão, qualquer que seja seu nível. É o acordo entre os níveis de Realidade e os níveis de percepção que realiza esta mutação entre não-resistência e resistência absoluta. O sagrado adquire uma condição de Realidade do mesmo modo que os níveis de Realidade, sem, no entanto, constituir um novo nível de Realidade, porque ele escapa a todo o saber. Entre o saber e a compreensão há o ser. Porém, o sagrado não se opõe à razão: *na medida em que ele assegura a harmonia entre o Sujeito e o Objeto, o sagrado faz parte integrante da nova racionalidade.*

A Realidade engloba o Sujeito, o Objeto e o sagrado, que são as três facetas de uma única e mesma Realidade. Sem uma dessas três facetas, a Realidade deixa de ser real e torna-se uma fantasmagoria destrutiva. A Realidade reduzida ao Sujeito gerou as sociedades tradicionais, que foram varridas pela modernidade. A Realidade reduzida ao Objeto leva aos sistemas totalitários. A Realidade reduzida ao sagrado leva aos fanatismos e integralismos religiosos. Uma sociedade viável só pode ser aquela onde as três facetas da Realidade estejam reunidas de maneira equilibrada.

O surgimento da noção de níveis de compreensão esclarece o que poderia ser a evolução do homem moderno.

Estamos apenas no começo da exploração dos diferentes níveis de Realidade ligados a diferentes níveis de percepção. Esta exploração marca o começo de uma nova etapa de nossa história, baseada no conhecimento do universo exterior em harmonia com o autoconhecimento do ser humano.

O respeito pela transnatureza da natureza humana implica no reconhecimento em todo ser humano de sua dupla transcendência interior e exterior. Esta transcendência é o fundamento de nossa liberdade. A visão transdisciplinar é incompatível com qualquer tentativa de reduzir o ser humano a uma definição ou a qualquer estrutura formal. Todo ser humano é livre para se abrir, através de seu próprio caminho e de sua autotransformação liberadora, para o autoconhecimento de seu destino espiritual. O direito neste Sentido deveria estar inscrito entre os direitos do homem.

Temos a escolha de evoluir ou desaparecer. Nossa evolução é uma *autotranscendência*. Nada, nem ninguém, pode nos obrigar a evoluir. As pressões naturais do meio ambiente que obrigaram o homem a evoluir do ponto de vista biológico já não se exercem. A evolução biológica chegou a seu fim. Surge um novo tipo de evolução, ligada à cultura, à ciência, à consciência, à relação com o outro.

A evolução individual e a evolução social condicionam-se mutuamente. O ser humano alimenta o ser da humanidade e o ser da humanidade alimenta o ser do homem. Se a evolução individual é concebida mesmo na ausência de uma evolução social, por outro lado a evolução social é impensável sem a evolução individual. É a orientação do fluxo de consciência que atravessa os diferentes níveis de percepção que dá um sentido – significado e direção – para esta *co-evolução*. Há aí um aspecto da *democracia* que mereceria ser estudado, aprofundado, descoberto em todas as suas dimensões. Os desafios de toda espécie – o desafio dos conflitos irracionais que permeiam a vida social, o desafio dos conflitos homicidas que ameaçam a vida dos povos e das nações, o desafio da autodestruição de nossa própria espécie – podem encontrar uma saída se esta co-evolucão individual e social for respeitada.

O autonascimento do Universo e o autonascimento do homem são inseparáveis. Ciência e consciência, os dois pilares da futura democracia universal, sustentam-se mutuamente. A ciência sem consciência é a ruína do ser humano, mas a consciência sem ciência também é sua ruína. A responsabilidade da autotranscendência – nossa responsabilidade – é o terceiro incluído que une ciência e consciência.

O *homo sui transcendentalis* está nascendo. Ele não é um 'homem novo', mas um homem que nasce de novo. Este novo nascimento é uma potencialidade inscrita em nosso próprio ser.

Transgressão queria dizer originalmente *passar para outro lado, atravessar.* Com o tempo, a palavra veio a significar, para os tradutores da Bíblia, 'violação da lei divina', e para os juristas, 'violação de uma lei'. A passagem de um nível de Realidade para outro ou de um nível de percepção para outro significa uma infração às leis divinas ou humanas? A transdisciplinaridade é uma transgressão generalizada que abre um espaço ilimitado de liberdade, de conhecimento, de tolerância e de amor.

Tecno-Natureza e Espaço Cibernético

O limite de nosso corpo, o de nosso próprio cérebro, acaba de ser transposto.

A mente do ser humano projetou-se materialmente para fora dele, produzindo resultados que não são o produto dos processos chamados 'naturais'. Estes resultados do avanço da tecnociência, começando pela conquista do espaço e pelos primeiros passos do homem na lua e terminando com a Realidade Virtual, construíram uma verdadeira tecno-Natureza que coexiste com os processos cósmicos que se desenrolaram desde a noite dos tempos, antes mesmo do surgimento do ser humano. Um último produto desta tecno-Natureza é o espaço cibernético, cujo papel é particularmente singular pois uma nova barreira acaba de ser alcançada pela inteligência humana: a barreira da luz. Os sinais propagam-se neste novo espaço na velocidade limite permitida pela Natureza – a velocidade da luz.

O termo 'espaço cibernético' é polissemântico e, portanto, pode se prestar a várias confusões. Às vezes, refere-se apenas à Realidade Virtual, pois as vias da informação e a Internet aparecem como noções distintas. Por isto, é preferível introduzir uma nova denominação: *Espaço-Tempo Cibernético* (ETC), para designar o espaço informático em seu todo, este espaço que está envolvendo a Terra inteira.

Convém, portanto, que nos interroguemos sobre a natureza desse espaço-tempo. Seria ele realmente novo ou coincidiria com o espaço-tempo considerado pela física? Qual o número de dimensões do ETC? Qual a lógica que rege o ETC? O ETC é de natureza material ou imaterial? Qual o lugar do ser humano no ETC? O ETC desempenha um papel de evolução ou de involução na história da humanidade e do ser humano? Seria um simples fenômeno de moda ou significaria o surgimento de um novo nível de Realidade?

Antes de mais nada, o ETC *é ao mesmo tempo natural e artificial.*

O ETC é natural, pois sua origem é natural: o mundo quântico. De fato, os símbolos 0 e 1 denotam processos quânticos. 0 e 1 significam, a grosso modo, 'porta aberta – porta fechada' no mundo quântico. Eles já são uma 'tradução', em linguagem matemática, dos processos no infinitamente pequeno. Os 0 e 1 são antes metanúmeros do que números. No entanto, a linguagem fundamental é aquela do mundo quântico, portanto a da Natureza, que é universal por definição.

Ao mesmo tempo, o ETC é artificial. Antes de mais nada, a linguagem utilizada *é artificial* – a das matemáticas – começando pela codificação fundamental (0,1) e terminando pelas equações matemáticas cada vez mais elaboradas que são como o germe de uma infinidade de *imagens* cuja maior parte não tem correspondência no mundo natural. A abstração é, assim, como no mundo quântico, não uma ferramenta para descrever a realidade, mas um componente inseparável da realidade. O ETC também é artificial porque resulta de uma tecnologia sofisticada, colocada em ação pelo ser humano.

Este duplo aspecto natural-artificial coloca com seriedade a questão de uma nova *interface,* aquela entre o homem e o computador. Em última instância, esta nova interface é gerada pela interação entre o homem e a Natureza, que coloca de novo a questão de um *tercei-*

ro que englobe tanto o homem como a Natureza. Desde as esferas contábeis e os *calculi* sumérios até os supercomputadores de nossos dias, foi realizada uma longa viagem da inteligência. Os *calculi* são objetos de terra crua cujo tamanho e forma estavam associados de maneira precisa a um sistema de numeração. Eles eram fechados dentro de uma esfera de argila que permitia reconhecer, sem nenhuma dúvida, os bens de cada proprietário. Os supercomputadores modernos substituem as esferas contábeis sumérias, o código binário (0,1) – os *calculi* e as ondas eletromagnéticas – a mão do homem. Apesar desta mutação vertiginosa de potência e dos meios de cálculo, o *ETC é de natureza material*. A informação que circula no ETC é tão material quanto uma cadeira, um carro ou uma partícula quântica. As ondas eletromagnéticas são tão materiais quanto a terra da qual eram feitos os *calculi*: simplesmente seus graus de materialidade são diferentes. A expressão 'civilização do imaterial' é abusiva, porque ela pressupõe a identificação da matéria com a substância. Na física moderna a matéria está associada ao complexo (substância/energia/informação/espaço-tempo). A sutileza semântica do material ao imaterial não é inocente, pois pode conduzir a perigosos fantasmas.

O ETC gera *uma nova relação de transformação: aquela entre as equações matemáticas e as imagens.*

Uma verdadeira transformação real-imaginário torna-se assim possível. A substituição do dinheiro substancial (papel ou metal) pela moeda informática é apenas uma ilustração grosseira desta ampla transformação. Uma característica essencial do ETC é a capacidade máxima de interação real-imaginário, concreto-abstrato, corpo-equações matemáticas. Portanto, o ETC pode, em princípio, colocar em evidência um novo tipo de percepção. Enfim, o ETC caracteriza-se pelo fato de *os sinais circularem à velocidade máxima do mundo natural*, a velocidade *c* da luz. Em si mesma, a velocidade c não tem nada de extraordinário. Vemos, no céu, estrelas desaparecidas há muito tempo, simplesmente porque a luz se propaga com uma velocidade finita. As partículas nos átomos de nosso corpo giram à velocidade da luz. Porém, novo é o fato de o ser humano ter criado um espaço-tempo onde *todas* as velocidades são iguais a *c*. O ETC tem uma dimensão cósmica: a do planeta Terra. Podemos mesmo nos perguntar se o ETC não é em todo lugar o mesmo no cosmo, pois a matéria, segundo conhecimentos atuais, é em todo lugar a mesma, no Universo inteiro.

Qual o número de dimensões do ETC?

À primeira vista, quatro: três de espaço e uma de tempo (como o espaço-tempo macroscópico). No entanto, vários indícios nos fazem pensar que o número de dimensões do ETC é diferente de quatro.

O mundo quântico, origem do ETC, carateriza-se por um número de dimensões diferente de quatro (devido à unificação de todas as interações físicas conhecidas). A transformação recíproca: equações matemáticas-imagens, pode colocar em jogo um espaço abstrato matemático cujo número de dimensões é diferente de quatro. A dimensão fracionária (não-inteira) do espaço é compatível com o ETC. Os fractais são entidades 'naturais' no ETC. Por fim, a intervenção da consciência humana devida à interface homem-computador, também indica que o número de dimensões não é necessariamente quatro.

Qual lógica rege o ETC?

Superficialmente, poderíamos acreditar que se trata da lógica clássica, binária, partindo da observação de que a codificação (0,1) é binária. O computador seria assim considerado como uma máquina, aperfeiçoada sem dúvida, mas mesmo assim uma máquina, incapaz de interagir com o ser humano. Três observações demonstram que esta conclusão é falsa:

1. Não devemos confundir codificação e lógica. Seria como se o fato de escrevermos *terceiro incluído* na linguagem das letras (t-e-r-c-e-i-r-o...) significasse que o 'terceiro incluído' devesse submeter-se ao axioma do terceiro excluído, o que é um absurdo evidente.

2. A origem do ETC é o mundo quântico, que é regido por uma lógica diferente da lógica clássica (por exemplo, a lógica do terceiro incluído).

3. A imersão do corpo humano no ETC desperta um novo nível de percepção (devido, essencialmente, ao encontro com a 'barreira da luz') que revela um mundo em ruptura radical com o mundo macrofísico no qual passamos nossa vida. Este 'novo mundo' não é regido pela lógica clássica: o encadeamento das causas e efeitos é suspenso, a causalidade linear é abolida, a descontinuidade pode não apenas ser pensada, mas vivida.

A navegação no ETC é um novo tipo de navegação, uma navegação nas entranhas da natureza, em interação com nós mesmos. Ela é a origem de um novo tipo de imaginário, que afeta a percepção e que, por sua vez, alimenta o imaginário. Cria-se um círculo entre o imaginário quântico e a navegação no ETC. Os processos quânticos desempenham um papel evidente nos funcionamentos da memória e da consciência. Há uma espécie de *espelho* que se revela entre os processos quânticos do cérebro humano e os processos quânticos do ETC. Pela primeira vez na história, existe uma possibilidade de integração do *finito* que somos na unidade entre o infinitamente pequeno e o infinitamente grande. Na medida em que este 'finito' é o cristal onde se reflete o infinitamente consciente, assistimos, talvez, ao nascimento do primeiro tipo histórico de interação ternária (infinitamente pequeno, infinitamente grande, infinitamente consciente). Há aqui uma possibilidade ontológica, que sem dúvida pode ser facilmente perdida se não for reconhecida como tal.

Com a descoberta do mundo quântico e da navegação cibernética, o *homo sui transcendentalis* começa sua aventura.

Temos assistido, no entanto, nestes últimos tempos, ao aparecimento de estranhos fenômenos e de uma estranha fauna.

Messias carentes de anunciação nos anunciam a felicidade da aldeia global. Utopistas carentes de utopia e humanistas carentes de humanismo nos propõem a solidariedade sem fronteiras da Internet. Comerciantes carentes de mercado absoluto, disfarçados de sumo-sacerdotes mecenas do Absoluto, propõem-nos a navegação no fabuloso espaço da Virgem-Realidade-Virtual. Eles celebram missas cantadas no altar do hipermercado planetário. Um exército de profetas da desgraça expõe os perigos incontáveis do novo mundo. Alguns teólogos-astrofísicos carentes de Deus nos propõem o dogma exaltante do espírito como programa, da alma como subprograma e, por fim, de um Deus racional, tangível, devido ao preenchimento total do espaço cósmico pelo tecido cibernético.

Os sinais de alerta no espaço cibernético multiplicam-se sem parar com uma aceleração comparável à da expansão do espaço cibernético. Este processo é perfeitamente natural. Os perigos descritos são, na maioria dos casos, um meio de defesa do antigo sistema, que tenta a todo custo fagocitar, em proveito próprio, a novidade.

De fato, assistimos ao nascimento, inevitavelmente paradoxal e perturbador, de um novo nível de Realidade. Os componentes da tecno-Natureza, incluindo-se aí o Espaço-Tempo Cibernético, possuem uma propriedade particular: a *automovimentação*. A automovimentação na tecno-Natureza significa a submissão a um princípio de maximização: *tudo que puder ser feito será feito*. Este princípio de maximização pode levar às piores monstruosidades, mas também tem um imenso potencial criativo. É nossa responsabilidade – responder a uma possibilidade evolutiva que nos é oferecida – que desempenha de novo o papel de terceiro incluído.

A causalidade no ETC é diferente daquela, local, que rege o nível macrofísico e daquela, global, que rege o nível quântico. A causalidade no ETC é uma *causalidade em círculo aberto*, que rege a interface homem/computador. O ser humano descobre em si mesmo um novo nível de percepção, graças a sua interação com o computador e o computador afina suas potencialidades pela interação com o ser humano. Um ser quimérico, como o Minotauro, com corpo de homem e cabeça de touro, poderia nascer desta dupla interação recorrente e ameaçar nossa existência. Contudo, também podemos vislumbrar uma liberação sem precedente das inúmeras pressões da vida cotidiana, transferindo estas pressões para o Espaço-Tempo Cibernético, que torna-se assim uma verdadeira *máquina de liberar o tempo*. Este tempo ganho pode ser dedicado a nosso próprio desenvolvimento interior.

A idéia de isomorfismo entre os processos psíquicos e os microfísicos atravessa o pensamento de

Korzybski, Jung, Pauli ou Lupasco. Este isomorfismo está passando do campo da especulação teórica ao da aplicação prática. Ele é a origem daquilo que pode ser o pior ou o melhor no surgimento do ETC na vida do planeta. Temos uma grande responsabilidade: não se trata de encontrar uma solução para os problemas cada vez mais complexos que surgem sem parar no atual sistema de referência que é o nosso, mas de *mudar de sistema de referência*, de introduzir uma nova maneira de compreender a dialética entre simplicidade e complexidade.

O Espaço-Tempo Cibernético não é nem determinista nem indeterminista. Ele é o espaço da *escolha* humana. Na medida em que o ETC permite que a noção de níveis de Realidade e da lógica do terceiro incluído seja colocada em jogo, ele é potencialmente um espaço transcultural, transnacional e transpolítico.

A escolha com a qual nos confrontamos tem uma aparência binária: uma era de *comerciantes* ou uma era de *caminhantes*. Parafraseando António Machado, diria que não há caminho: o caminho se faz ao andar.

Mas um bastão sempre tem duas extremidades.

Uma extremidade do bastão 'aldeia global' corresponde a uma fórmula demagógica para esconder uma nova forma de dominação da terra pelos ricos. Os ricos serão cada vez mais ricos e os pobres cada vez mais pobres. É o que chamo 'era dos comerciantes'.

A outra extremidade do bastão 'aldeia global' corresponde ao possível surgimento de uma *aldeia das aldeias* (como se diz 'sistema de sistemas'). As megalópolis – centros gigantescos de concentração de informação – tornam-se evidentes inúteis no ETC. As megalópolis poderão ser transformadas em enormes centrais de arquivos e de museus. Uma fonte de feiura estética e de violência poderia assim desaparecer. A aldeia das aldeias poderia assim transformar-se num lugar de acolhimento para a transreligião, a transcultura, a transpolítica. Uma prioridade imediata seria o reconhecimento do ETC no plano do direito internacional como um *espaço transnacional*, espaço que não pertence a ninguém. De onde a necessidade, não apenas da igualdade de acesso, mas também de total liberdade de acesso (ou liberdade de circulação) no ETC. É, muito resumidamente, o que chamo de 'era dos *caminhantes*'.

Estaria a era dos *caminhantes* em oposição à era dos *comerciantes*? Não, se cada extremidade do bastão *mantiver seu lugar*, não pretendendo ser o bastão inteiro.

Feminilização social e dimensão poética da existência

Em 1991, o grande poeta argentino Roberto Juarroz introduzia uma nova expressão na terminologia da transdisciplinaridade: *a atitude transdisciplinar*. Seria um privilégio de poeta poder extrair, na inspiração súbita de algumas palavras, um dos aspectos mais importantes da abordagem transdisciplinar? A palavra *atitude* quer dizer etimologicamente *aptidão para manter uma postura*. E o contrário de postura é, claro, impostura.

Na perspectiva transdisciplinar, atitude é a capacidade individual ou social para manter uma *orientação* constante, imutável, qualquer que seja a complexidade de uma situação e dos acasos da vida. No plano social, esta orientação é a do fluxo de informação que atravessa os diferentes níveis de Realidade, enquanto que, no plano individual, esta orientação é a do fluxo de consciência que atravessa os diferentes níveis de percepção.

Manter uma orientação constante na travessia dos níveis de Realidade garante uma *efetividade* crescente de nossa ação no mundo e na vida coletiva: a de uma nação, de um povo, da humanidade inteira. O desenvolvimento espetacular da tecnociência, cujo ápice é a revolução informática, mostra que esta efetividade está inteiramente presente na História, qualquer que seja a motivação de um ou outro ator da vida política, econômica ou social.

Manter uma orientação constante na travessia dos

níveis de percepção garante uma *afetividade* crescente que assegura a ligação entre nós e nós mesmos. Os sábios de todos os tempos sempre afirmaram que o conhecimento de si mesmo é um processo evolutivo sem fim. Desde o começo da humanidade até os nossos dias, os grandes textos da literatura, da mística e da religião, as grandes obras de arte, testemunham apesar de tudo e contra tudo a presença constante da afetividade neste mundo.

O acordo entre Sujeito e Objeto pressupõe uma harmonização entre o espaço exterior da efetividade e o espaço interior da afetividade. *Tanto efetividade como afetividade* deveriam ser as palavras de ordem de um projeto de civilização proporcional aos desafios de nosso tempo.

Infelizmente, em nosso mundo de hoje, a eficácia a qualquer preço é apenas uma caricatura de efetividade. A afetividade não tem valor de mercado: portanto ela é injuriada, ignorada, esquecida e até desprezada. Este desprezo pela afetividade não é, afinal de contas, senão o desprezo pelo ser humano, transformado em objeto comercial. Quando ocorre a morte da afetividade, necessariamente ocorre a 'morte do homem'. Esta última expressão fez fortuna e não é um simples acidente da História. Não deveríamos então nos espantar com a dissolução da sociabilidade, com a degradação dos laços sociais, políticos e internacionais, com a violência crescente nas megalópolis, com os jovens se refugiando nos antros das drogas e das seitas, com os massacres que se perpetuam nesta terra, apesar dela se beneficiar de um saber humano sem precedentes? Quando um político pronuncia a palavra 'amor' é olhado como um extraterrestre. Os senhores deste mundo, que concentram entre suas mãos (informatizadas) as riquezas do globo terrestre, não se sentem de maneira nenhuma ameaçados por qualquer espaço interior do ser humano, visto como uma doce e inocente utopia de outros tempos. E, no entanto, é o desequilíbrio cada vez maior entre a efetividade e a afetividade que coloca nossa espécie em perigo.

O desafio da autodestruição de nossa espécie não é inteiramente negativo, pois gera sua contrapartida de autonascimento. Na minha opinião, a 'morte do homem' é uma etapa, apesar de tudo, necessária da História, que permite pressagiar seu segundo nascimento.

O conjunto dos níveis de Realidade e seu conhecimento designam aquilo que podemos chamar de *masculinidade* do nosso mundo. Por sua vez, o conjunto dos níveis de percepção e seu conhecimento designam a *feminilidade* deste mundo. É claro que o sexo dos seres humanos não está diretamente ligado à masculinidade ou à feminilidade do mundo. Um homem pode muito bem se encontrar na feminilidade do mundo e uma mulher na masculinidade deste mundo.

Como sempre, tudo é questão de equilíbrio, pois um bastão sempre tem duas extremidades. A face do mundo é ternária: masculinidade, feminilidade e zona de resistência máxima entre os níveis de Realidade e os níveis de percepção, onde os *casamentos* entre a masculinidade e a feminilidade do mundo podem ser celebrados.

Um extraordinário, inesperado e surpreendente Eros atravessa os níveis de Realidade e os níveis de percepção. Os artistas, os poetas e os místicos de todos os tempos testemunharam a presença deste Eros no mundo. Menos conhecidos, os testemunhos de grandes cientistas atestam a presença deste Eros na Natureza. A alegria de uma grande descoberta científica é da mesma natureza que a alegria de uma grande criação artística e as vias misteriosas do imaginário que levam a essas descobertas indiscutivelmente se encontram.

Nós matamos Eros neste mundo, privilegiando o desenvolvimento sem freios da masculinidade de nosso mundo. Eros foi substituído pela dissimulação das máscaras eróticas, as bodas da feminilidade e da masculinidade foram substituídas por uma liberação sexual que tem todas as características de uma escravidão (na medida em que os seres humanos tornam-se o apêndice de seu próprio sexo) e o amor, substituído pela vigilância atenta da defesa dos territórios. A consequência inevitável da lógica mercantilista da eficácia pela eficácia é a marginalização social das mulheres. As diferentes correntes feministas que atravessaram o século XX testemunham esta constante marginalização. No entanto, o feminismo, por sua vez, poderia encontrar um fundamento de reflexão e de ação bem mais sólido do que o encontrado até agora, no equilíbrio necessário entre a masculinidade e a feminilidade do mundo.

Todo projeto de futuro de uma civilização passa necessariamente pela *feminilização social*. Como é a mulher, e não o homem, que dá à luz a criança, é a feminilização de nosso mundo que poderia dar à luz os laços sociais tão cruelmente ausentes nos dias de hoje, as pontes entre os seres humanos desta Terra.

Isto *não implica de modo algum uma homogeneização social*, política, cultural, filosófica ou religiosa. A visão transdisciplinar elimina, por sua própria natureza, qualquer homogeneização, que significaria a redução de todos os níveis de Realidade a um único nível de Realidade e a redução de todos os níveis de percepção a um único nível de percepção. O enfoque transdisciplinar pressupõe *tanto* pluralidade complexa *quanto* unidade aberta das culturas, das religiões e dos povos de nossa Terra, bem como das visões sociais e políticas no seio de um único e mesmo povo.

Qual poderia ser a definição da *atitude transdisciplinar* em conformidade com o modelo transdisciplinar da Realidade?

Quando nos colocamos num nível de Realidade bem determinado, somos fatalmente aprisionados na cadeia sem fim das oposições binárias: somos obrigados a ser *pró* ou *contra*. A conciliação entre o 'pró' e o 'contra' é impossível num único e mesmo nível de Realidade: chegamos, quando muito, a um *compromisso*, que leva em conta apenas uma parte dos argumentos 'pró' e uma parte dos argumentos 'contra', deixando assim frustrados tanto aqueles que são 'pró' quanto os que são 'contra'. O compromisso só pode ser instável: em um prazo maior ou menor o compromisso produz, inevitavelmente, um novo par de opostos, 'pró' e 'contra'.

A *conciliação* entre o 'pró' e o 'contra' só pode acontecer se for colocada num outro nível de Realidade, do contrário o 'pró' e o 'contra' aparecem como dois pólos contraditórios de uma unidade mais ampla, o que significa *estar com*, em outras palavras, levar em conta tudo que for positivo, construtivo tanto no 'pró' como no 'contra'.

Todavia, se nos engajamos exclusivamente na travessia de diferentes níveis de Realidade, este novo comportamento – *estar com*, nem pró nem contra, mas tanto pró como contra – ficaremos presos na armadilha de um novo sistema dogmático e até totalitário, mesmo se, *pelo pensamento*, mudarmos de nível de Realidade. Somente pelo acordo entre os níveis de Realidade e os níveis de percepção, isto é, pelo acordo entre o pensamento e sua própria experiência da vida é que esta armadilha pode ser evitada. A vida é refratária a todo dogma e a todo totalitarismo. Portanto, a atitude transdisciplinar pressupõe tanto o pensamento como a experiência interior, tanto a ciência como a consciência, tanto a efetividade como a afetividade. A identidade de sentido entre o fluxo de informação que atravessa os níveis de Realidade e o fluxo de consciência que atravessa os níveis de percepção atribui um *sentido*, uma *orientação* da atitude transdisciplinar. A aptidão para conservar esta postura, orientada para a densificação da informação e da consciência, caracteriza a atitude transdisciplinar.

Assim, *todas as coisas e todos os seres poderiam encontrar seu próprio lugar.*

Na verdade, todos nós procuramos um lugar: um lugar para morar, um lugar para trabalhar e suprir as necessidades da existência, um lugar na hierarquia social para satisfazer a imagem que temos de nós mesmos. No entanto, de maneira paradoxal, quase nunca este lugar será o *nosso* próprio lugar, o lugar que estaria de acordo com a totalidade de nosso ser. É raro, muito raro nesta Terra que um ser humano encontre uma harmonia perfeita entre seu ser individual e seu ser social.

Isto poderia nos indicar o caminho para a busca de uma verdadeira *transpolítica*: aquela baseada no direito inalienável de todo ser humano a uma interação harmoniosa entre sua vida íntima e sua vida social. Cada político pode e deve permanecer com suas próprias orientações políticas, mas fazendo tudo que puder para respeitar este direito inalienável do ser humano. A transpolítica não significa nem o desaparecimento da política, nem a fusão dos enfoques políticos num único e mesmo 'pensamento único'. A pluralidade complexa de ordem política pode se fazer acompanhar de uma unidade aberta com vista à satisfação de um direito sagrado do ser humano. As riquezas incomensuráveis desta

Terra, o fabuloso crescimento do saber, os meios tecnocientíficos cada vez mais avançados, os tesouros culturais e de sabedoria que se acumularam desde a noite dos tempos, têm a potencialidade para transformar o que poderia parecer como uma utopia transdisciplinar numa realidade atuante.

Mas para encontrar nosso lugar neste mundo (uma das facetas daquilo que chamamos 'felicidade') é preciso que novos laços sociais duráveis possam ser descobertos. Estes novos laços sociais poderão ser encontrados quando procurarmos *pontes*, tanto entre os diferentes campos do conhecimento como entre os diferentes seres que compõem uma coletividade, pois o espaço exterior e o espaço interior são duas facetas de um único e mesmo mundo. A transdisciplinaridade pode ser entendida como a ciência e a arte da descoberta destas pontes. Este é o conteúdo de uma verdadeira *revolução da inteligência*. O desenvolvimento explosivo das redes informáticas não equivale, sozinho, a uma revolução da inteligência. Sem a afetividade, a efetividade dos computadores se transforma num caminho seco, morto, perigoso mesmo, um outro desafio da modernidade. A inteligência é a capacidade de ler ao mesmo tempo entre as linhas do livro da Natureza e entre as linhas do livro do ser interior. Sem as pontes entre os seres e as coisas, os avanços tecnocientíficos só servem para aumentar uma complexidade cada vez mais incompreensível.

O que é um diálogo entre dois seres na falta de pontes, de uma linguagem comum? Dois discursos paralelos levando a mal-entendidos intermináveis. O que é um diálogo social na falta de pontes entre os parceiros sociais? Um mercado de ludibriados que só agrava as rupturas sociais. O que é um diálogo entre as nações, os estados e os povos desta Terra na ausência de pontes entre eles? Um adiamento temporário do confronto final. Um verdadeiro *diálogo* só pode ser transdisciplinar baseado em pontes que ligam, em sua natureza mais profunda, os seres e as coisas.

A revolução quântica e a revolução informática de nada servem em nossa vida cotidiana se não forem seguidas por uma revolução da inteligência. É desse modo que as bodas da feminilidade com a masculinidade do mundo poderão ser celebradas. *"É o engajamento na vida moderna que fará de nossa existência o ato revolucionário de uma criação"*, escreveu Jean Carteret.

A palavra 'revolução' não ficou vazia de sentido com a derrota da revolução social. A revolução hoje só pode ser uma revolução da inteligência, transformando nossa vida individual e social num *ato tanto estético como ético*, num ato de desvelamento da dimensão poética da existência. Uma vontade política eficaz só pode ser, em nossos dias, uma vontade poética. Isto pode parecer como uma proposição paradoxal e provocadora num mundo movido pelo interesse exclusivo da eficácia pela eficácia, onde a concorrência é impiedosa, onde o confronto violento é permanente e onde o número de excluídos do banquete do consumo e do conhecimento não pára de aumentar. De exclusão em exclusão, vamos acabar excluindo nossa própria existência da face da Terra.

'Poética' vem da palavra grega *poiein*, que significava 'fazer'. *Fazer*, hoje, significa a conciliação de contraditórios, a unificação da masculinidade e da feminilidade do mundo.

Sobre o culto da personalidade

A manifestação mais evidente e mais extrema da masculinização de nosso mundo é o aparecimento, em todas as escalas da vida social, do culto da personalidade. O pensamento clássico nos legou uma herança pesada: o dogma da existência de um único nível de Realidade. Na ausência de qualquer dimensão vertical, é inevitável que a imagem seja tão importante quanto a Realidade e que o fantasma infiltre-se entre nosso olhar e a Realidade.

Pior ainda, a Realidade, hoje, tem de se conformar com a imagem que se faz da Realidade. As imagens televisivas, que todos os dias penetram em nossos lares ilustram abundantemente esta constatação. Um chefe de Estado tem um desagradável mal estar em plena transmissão ao vivo? É preciso imediatamente suspender a transmissão, pois esta imagem não é adequada à autoridade de um chefe de Estado. Uma bela atriz fica velha e doente? Deixará de ser mostrada.

A máscara torna-se mais importante que o rosto. Há um único rosto, mas várias máscaras. A máscara – *a persona* – corresponde a uma certa personalidade, em função das necessidades da vida individual e social. O desacordo constante entre a vida individual e social produz as múltiplas personalidades de um único e mesmo indivíduo. As contradições e os conflitos entre as diferentes personalidades de uma única e mesma pessoa levam à dissolução do ser interior, que não se reconhece dentro de suas múltiplas máscaras. Nestas condições, como podemos pretender um laço social viável? Quando uma pessoa fala com outra, podemos saber quais são as máscaras que estão falando?

Assim, vivemos por delegação. Delegamos nossa vida a um chefe, a um guru, à imagem de uma cantora ou de um esportista. Madonna é mais conhecida hoje em dia do que a Virgem Maria. Deveríamos nos lamentar por isso?

Podemos mesmo afirmar que esta multiplicidade das personalidades é a base da sociedade de consumo. Calcula-se, em geral, o crescimento do consumo em função do número de pessoas que é capaz de consumir. No entanto, determinado indivíduo corresponde a múltiplas personalidades e assim o número de consumidores potenciais é bem maior do que o número de pessoas que consomem. Pois uma pessoa contém em si mesma múltiplos consumidores. Os publicitários compreenderam a muito tempo esta evidência relativamente trivial, mas que, como toda evidência, não é muito visível. Eles estimulam diariamente um desejo diferente e cada desejo fabrica um novo consumidor potencial numa única e mesma pessoa. As necessidades de subsistência material de um ser humano são limitadas, mas seus desejos ilimitados. A sociedade de consumo tem um belo futuro à sua frente, no mundo inteiro. Pouco importa se quanto mais consumimos, menos somos. O que importa é consumir, mesmo se este consumo conduz ao consumo do ser. Pode a comunhão entre os seres estar baseada no consumo?

Conhecemos bem melhor, é claro, as formas extremas e monstruosas do culto da personalidade de grandes e pequenos ditadores. Estas formas extremas colocam em evidência a essência do fenômeno do culto da personalidade: *a confusão dos lugares*. Como um homem destinado a ser um artista pintor pôde tornar-se o ditador de um grande povo e exterminar friamente um número alucinante de seres humanos? Como outro homem, destinado a ser pároco de aldeia, tornou-se o ditador de um grande país e prendeu e exterminou milhões de seres humanos nos campos de concentração soviéticos? Estes dois tiranos que ensanguentaram a Terra poderiam muito bem ter ficado em seus lugares, o de um artista pintor e o de um pároco de aldeia, e passar dias felizes até o fim de suas vidas. Como pode uma concha vazia ser habitada por fantasmas infinitos, como um homem oco torna-se o Deus de um povo? A cisão entre o espaço interior e o espaço exterior de um ser humano pode trazer um esclarecimento interessante a este gênero de processo. Quando o espaço interno se reduz a nada, o espaço externo pode tornar-se monstruoso.

Cada indivíduo tem seu lugar e ele pode ser feliz se permanecer em seu próprio lugar. Não há lugar mais degradante que outro, lugar mais inviável que outro. O único lugar que nos convém é o nosso, e ele é único, na medida em que cada ser humano é único. Todavia, encontrar nosso lugar, em conformidade com nosso ser interior e nosso ser exterior, é um processo extremamente difícil, que uma sociedade baseada apenas na efetividade torna praticamente impossível. Queremos sempre o lugar do outro.

Nossa única autoridade é a de nossa experiência interior e de nossa obra. Pouco importa se esta obra for anônima ou célebre. *A maior obra – a Grande Obra – é nossa própria vida.*

As catedrais mais grandiosas foram construídas durante muitos séculos. A maioria dos nomes de seus construtores permanecerá para sempre desconhecida. No entanto, a obra está lá, iluminando com sua vida nossas pequenas e grandes cidades.

Uma Realidade multidimensional e multirreferencial é incompatível com o culto da personalidade. As várias máscaras caem para dar lugar ao rosto vertical do ser. Um novo sentido de igualdade entre os seres humanos gradualmente se esboça: o direito inalienável de cada um de nós encontrar seu próprio lugar. O homem torna-se livre quando encontra seu próprio lugar. A fraternidade humana consiste na ajuda dada ao outro para que ele possa encontrá-lo.

Para isso, a humanidade é obrigada a construir seu próprio corpo. É o conjunto dos sujeitos que constrói o Sujeito, é o conjunto dos seres humanos que constrói o Humano. Num corpo, cada célula tem seu lugar. Uma sociedade viável passa pelo acordo polifônico entre os sujeitos, entre seus diferentes níveis de percepção e seus diferentes níveis de conhecimento.

Assim, um dia, talvez, a humanidade será ao mesmo tempo uma pluralidade complexa e uma unidade aberta. Talvez. Se realmente o quisermos. Mais precisamente: se o terceiro secretamente incluído em nós o quiser.

Ciência e cultura:
além das duas culturas

No começo da história humana, a ciência e a cultura eram inseparáveis. Elas eram animadas pelas mesmas questões a respeito do sentido do Universo e da vida.

No Renascimento, a ligação ainda não estava rompida. A primeira Universidade, como seu nome indica, estava voltada ao estudo do *universal*. O universal estava encarnado naqueles que marcaram com o selo de sua obra a história do conhecimento. Cardan, o inventor dos números imaginários e do sistema de suspensão que leva seu nome (o "cardan"), era ao mesmo tempo matemático, médico e astrólogo. Aquele que estabeleceu o horóscopo de Cristo foi ao mesmo tempo autor da primeira análise sistemática do cálculo de probabilidades. Kepler era astrônomo e astrólogo. Newton era ao mesmo tempo físico, teólogo e alquimista. Ele era igualmente apaixonado pela Trindade e pela geometria e passou mais tempo em seu laboratório de alquimia que na elaboração da *Philosophiae Naturalis Principia Mathematica*. Os fundadores da ciência moderna nada têm em comum com a imagem estereotipada que temos de um homem de ciência. Também nesse campo, nos dias de hoje, a Realidade tem que se adequar à imagem. Devido a esta paradoxal inversão, o homem de ciência se vê forçado, contra sua vontade, a transformar-se no sumo-sacerdote da verdade, encarnação do rigor e da objetividade. A complexidade do nascimento da ciência moderna e da modernidade nos ajuda a compreender a complexidade subsequente de nosso próprio tempo.

O germe da ruptura entre a ciência e o sentido, entre o Sujeito e o Objeto, estava de fato presente no século XVII, quando a metodologia da ciência moderna foi formulada, mas tornou-se visível apenas no século XIX, quando o *big-bang* disciplinar se expandiu.

A ruptura consumou-se em nossos dias. Ciência e cultura nada mais têm em comum; é por isto, aliás, que falamos *da ciência* e *da cultura*. Todo governo que se preze tem um Ministro da Cultura e um Ministro que se ocupa, exclusivamente ou entre outras coisas, da ciência. Toda grande instituição internacional respeitada tem um Departamento de Cultura e um Departamento das Ciências. Quem tenta atravessar as fronteiras percebe os riscos da aventura. A ciência não tem acesso à nobreza da cultura e a cultura não tem acesso ao prestígio da ciência.

Mesmo no interior da ciência, distingue-se com cuidado as *ciências exatas* das *ciências humanas*, como se as ciências exatas fossem desumanas (ou super-humanas) e as ciências humanas, inexatas (ou não exatas). A terminologia anglo-saxônica é ainda pior: fala de *ciências duras (hard sciences)* e de *ciências suaves (soft sciences)*. Abordemos a conotação sexual destes termos, para explorar seu sentido.

O que está em jogo, são as noções de *definição*, de *rigor* e de *objetividade*, as quais dão a medida da exatidão (ou da 'dureza'). No fundo, de acordo com o pensamento clássico, a única definição exata é a definição matemática, o único rigor digno deste nome é o rigor matemático e a única objetividade é aquela que corresponde a um formalismo matemático rigoroso. A 'suavidade' das ciências humanas traduz bem seu não respeito por estas três noções chave, que sustentaram, durante muitos séculos, o paradigma da simplicidade. O que poderia ser mais 'flexível', mais complexo, que o próprio Sujeito? A exclusão do Sujeito é então uma consequência lógica. *A morte do homem coincide com a separação total entre ciência e cultura.*

Podemos entender o clamor desencadeado pelo conceito de *duas culturas* – a cultura científica e a cultura humanista – introduzido há algumas décadas por C. P. Snow, romancista e homem de ciência ao mesmo tempo. O rei estava nu. O conforto dos proprietários dos territórios do conhecimento foi ameaçado e sua consciência posta a prova. A ciência é uma parte da cultura, mas esta cultura científica está completamente separada da cultura humanista. As duas culturas são consideradas como antagônicas. A separação entre as duas culturas é antes de tudo uma divergência de *valores*. Os valores dos cientistas não são os mesmos valores dos humanistas. Cada mundo – o mundo científico e o mundo humanista – está hermeticamente fechado em si mesmo.

O debate suscitado pelo conceito de 'duas culturas' foi benéfico, pois deu a medida do perigo de sua separação. Revelou a extrema masculinização de nosso mundo, com todos os perigos que ele comporta para nossa vida individual e social.

Nestes últimos tempos, os sinais de reaproximação entre as duas culturas estão se multiplicando, especialmente no campo do *diálogo entre a ciência e a arte*, eixo básico do diálogo entre a cultura científica e a cultura humanista.

As tentativas de reaproximação entre a arte e a ciência tiveram a princípio um caráter *multidisciplinar*. Inúmeros colóquios reuniram poetas e astrofísicos ou matemáticos, artistas e físicos ou biólogos. Iniciativas multidisciplinares surgiram no ensino secundário ou universitário. Estas tentativas tiveram o mérito de revelar que o diálogo entre a ciência e a arte não apenas é possível, como necessário.

Uma etapa a mais foi ultrapassada com a aproximação *interdisciplinar* entre a ciência e a arte. Também nisto as iniciativas são múltiplas e fecundas. A aceleração desta aproximação, num ritmo sem precedente, produziu-se sob nossos olhos graças à explosão informática. Um novo tipo de arte nasce, hoje, pela transferência dos métodos da informática ao campo da arte. Talvez o exemplo mais espetacular seja o da arte que usa a fabulosa informação que circula pela rede da Internet como uma nova *matéria*. A informação encontra seu verdadeiro sentido de *in-formação*: criar a forma, novas formas, mudando sem parar, que surgem do *imaginário coletivo* dos artistas. A interconectividade das redes informáticas permite a interconectividade dos artistas, que intervêm em tempo real na Internet para criarem juntos, com som e imagem, um mundo que vem de outro lugar. Este *outro lugar* encontra-se nos mundos interiores dos artistas que tentam entrar num acordo, tentam descobrir juntos o que os liga na criação. Estas pesquisas experimentais constituem o germe de uma verdadeira *transdisciplinaridade em ato*.

É aqui que a metodologia transdisciplinar se mostra indispensável, pois toda criação encontra *a barreira da representação*. As imagens criadas simultaneamente por vários artistas chocam-se inevitavelmente, qualquer que seja a potência – que é quase ilimitada – das redes de redes de computadores, com os limites da representação individual, fatalmente diferente de um artista para outro. A justaposição destes diferentes graus de representação só pode gerar uma Realidade virtual caótica, desordenada, qualquer que seja sua beleza aparente.

O encontro entre os diferentes níveis de Realidade e os diferentes níveis de percepção gera os diferentes *níveis de representação*. As imagens correspondentes a certo nível de representação têm uma *qualidade* diferente das imagens associadas a um outro nível de representação, pois cada qualidade está associada a um certo nível de Realidade e a um certo nível de percepção. Cada nível de representação age como uma verdadeira barreira, aparentemente intransponível, em relação às imagens geradas por um outro nível de representação. Estes níveis de representação do mundo sensível estão, portanto, ligados aos níveis de percepção do criador, cientista ou artista. A verdadeira criação artística surge no momento da travessia simultânea de vários níveis de percepção, produzindo uma *trans-percepção*. A verdadeira criação científica surge no momento da travessia simultânea de vários níveis de representação produzindo uma *trans-representação*. A trans-percepção permite uma compreensão global, não diferenciada do conjunto dos níveis de Realidade. A trans-representação permite uma compreensão global, não diferenciada, do conjunto dos níveis de percepção. Assim são explicadas as surpreendentes similaridades entre os momentos da criação científica e da criação artística, tão bem colocados em evidência pelo grande matemático Jacques Hadamard.

No exemplo de arte informática já citado, a potência de informação praticamente ilimitada dos computadores permite uma *simulação global do conjunto dos níveis de representação*, através da interpretação da linguagem matemática. Assim, pela primeira vez na história, a interface homem/computador, tão bem explorada por René Berger, permite potencialmente o encontro entre a trans-representação e a trans-percepção. Este encontro, surpreendente e inesperado, certamente permitirá no futuro a atualização de um potencial criativo insuspeito do ser humano. Se a atitude transdisciplinar estiver realmente presente.

Se a multidisciplinaridade e a interdisciplinaridade reforçam o diálogo entre as duas culturas, a transdisciplinaridade permite entrever sua unificação aberta. As considerações precedentes sobre os níveis de Realidade, de percepção e de representação, além do exemplo da arte e da ciência, oferecem uma base metodológica para a conciliação de duas culturas artificialmente antagonistas: a cultura científica e a cultura humanista, decorrente da sua superação na unidade aberta da *cultura transdisciplinar*.

O transcultural e o espelho do Outro

A contemplação da cultura do século XX é ao mesmo tempo desconcertante, paradoxal e fascinante.

Tesouros de sabedoria e de conhecimento foram acumulados desde a noite dos tempos e, no entanto, continuamos a nos matar.

É verdade que os tesouros de uma cultura são praticamente incomunicáveis a outra cultura. Há mais culturas diferentes do que línguas diferentes. E as línguas já são incontáveis em nosso planeta, difícil obstáculo para uma verdadeira comunicação e comunhão entre os seres humanos, reunidos pelo destino numa única e mesma Terra. Podemos, no entanto, fazer traduções de uma língua para outra, mesmo sendo, às vezes, às custas de aproximações mais ou menos grosseiras. No futuro podemos muito bem imaginar o aparecimento de um supercomputador, uma espécie de dicionário universal, capaz de nos fornecer a tradução das palavras de uma língua em palavras de qualquer outra língua. Contudo, tal tradução, parcial ou geral, entre as diferentes culturas é inconcebível. Pois as culturas nasceram do *silêncio* entre as palavras e este silêncio é intraduzível. As palavras da vida cotidiana, seja qual for a sua carga emocional, dirigem-se em primeiro lugar à mente, o instrumento privilegiado do ser humano para a sobrevivência, enquanto que as culturas surgem da totalidade dos seres humanos compondo uma coletividade numa área geográfica e histórica bem determinada com seus sentimentos, suas esperanças, seus temores e suas questões.

O prodigioso desenvolvimento dos meios de transporte e comunicação levou a uma mistura de culturas. Encontramos hoje em dia mais budistas na Califórnia do que no Tibete e mais computadores no Japão do que na França. Esta mistura de culturas é caótica. Prova disso: as enormes dificuldades de 'integração' das diferentes minorias culturais nos diferentes países do mundo. Em nome do que esta fantástica integração poderia se dar? Nenhum esperanto e nenhum *volapük*, mesmo se fossem informáticos, jamais poderá assegurar a tradução entre as diferentes culturas. Paradoxalmente, hoje *tudo está ao mesmo tempo aberto e fechado.*

O tremendo avanço da tecnociência só aprofundou o abismo entre as culturas. A esperança do século XIX de uma cultura única numa sociedade mundial, baseada na felicidade trazida pela ciência, desmoronou há muito tempo. Em seu lugar, assistimos, por um lado, à separação total entre ciência e cultura e, por outro lado, a um esfacelamento cultural no interior de uma única e mesma cultura.

A separação entre ciência e cultura gerou o mito da separação entre Ocidente e Oriente: o Ocidente, depositário da ciência enquanto conhecimento da Natureza, e o Oriente, depositário da sabedoria enquanto conhecimento do ser humano. Esta separação, tanto geográfica como espiritual, é artificial, pois, como tão bem observou Henry Corbin, há Oriente no Ocidente e Ocidente no Oriente. Em cada ser humano estão reunidos, potencialmente, o Oriente da sabedoria e o Ocidente da ciência, o Oriente da afetividade e o Ocidente da efetividade. O mito da separação da sabedoria do Oriente e da ciência do Ocidente tem, como todo mito, seu lado de verdade. Pois, a ciência moderna efetivamente nasceu no Ocidente e o estilo de vida ocidental espalhou-se atualmente por todo o nosso planeta, desestabilizando as culturas tradicionais. O Ocidente, seguro de seu poderio econômico, tem uma grande responsabilidade: como evitar a desintegração cultural resultante de um desenvolvimento sem freios da tecno-ciência?

Um esfacelamento cultural se faz sentir no seio de uma única e mesma cultura. O *big-bang* disciplinar tem seu equivalente no *big-bang* dos modismos culturais. Um modismo varre outro numa velocidade crescente, como resultado inevitável da perda de referências num mundo cada vez mais complexo. Logo, por meio dos computadores, a velocidade de mudança dos modismos culturais poderá atingir a velocidade da luz. No entanto, se a fragmentação disciplinar no seio da ciência leva, graças à metodologia científica, a territórios mais ou menos estáveis, os territórios dos modismos culturais são o campo do efêmero. A cultura de hoje aparece cada vez mais como uma monstruosa carroça virtual na qual são arrastadas as mais heteróclitas defesas contra o terror do *non-sens*. Está claro que, no interior desta carroça, o novo ainda está escondido pelo velho, mas sem dúvida alguma a ponto de nascer. Esta mistura ainda disforme entre o novo e o velho é fascinante, porque além dos diferentes modismos culturais esboça-se um novo *modo de ser* da cultura.

A modernidade, apesar de sua aparência caótica, leva a uma aproximação entre as culturas. Ela faz ressurgir, com infinitamente mais intensidade que antes, a necessidade de unidade do ser e do mundo. A potencialidade do nascimento de uma cultura da esperança está à altura do desafio de autodestruição provocado pelo abismo do *sem sentido*.

O *pluricultural* mostra que o diálogo entre as diferentes culturas é enriquecedor, mesmo se não visar uma comunicação efetiva entre as culturas. O estudo da civilização chinesa foi, sem dúvida, fecundo para o aprofundamento da compreensão da cultura européia. O pluricultural nos ajuda a ver melhor a face de nossa própria cultura no espelho de outra cultura.

O *intercultural* é claramente favorecido pelo desenvolvimento dos meios de transporte e de comunicação e pela globalização econômica. A descoberta de culturas outrora pouco conhecidas ou desconhecidas fez brotarem potencialidades insuspeitas de nossa própria cultura. O surgimento do cubismo, devido à influência da arte africana, é um exemplo eloquente disto. Os traços do rosto do Outro permitem um melhor conhecimento de nosso próprio rosto.

Com toda a evidência, o pluricultural e o intercultural não podem assegurar, sozinhos, a comunicação entre todas as culturas, que pressupõe uma linguagem universal, baseada em valores compartilhados. No entanto, constituem passos importantes para o advento de tal comunicação transcultural.

O *transcultural* designa a abertura de todas as culturas àquilo que as atravessa e ultrapassa.

A realidade de tal abertura é demonstrada, por exemplo, pelo trabalho de pesquisa feito há um quarto de século pelo diretor Peter Brook com sua companhia do Centro Internacional de Criações Teatrais. Os atores são de nacionalidades diferentes e culturas diferentes estão inscritas neles. E, no entanto, durante o espetáculo, eles nos mostram o que atravessa e o que ultrapassa as culturas, do *Mahabharata* a *A Tempestade*, da *Linguagem dos Pássaros* a *Carmem*. O sucesso popular dessas representações em diversos países do mundo mostra que aquilo que atravessa e ultrapassa as culturas nos é tão acessível como nossa própria cultura.

Esta percepção daquilo que atravessa e ultrapassa as culturas é, a princípio, uma experiência irredutível a qualquer teorização. Porém, ela é rica em ensinamentos para nossa própria vida e para nossa ação no mundo. Ela nos indica que *nenhuma cultura constitui o lugar privilegiado a partir do qual possamos julgar as outras culturas*. Cada cultura é a atualização de uma potencialidade do ser humano, num lugar bem determinado da Terra e num momento bem determinado da História. Os diferentes lugares da Terra e os momentos diferentes da História atualizam as diferentes potencialidades do ser humano, as diferentes culturas. É o ser humano, em sua totalidade aberta, o lugar sem lugar daquilo que atravessa e ultrapassa as culturas.

A percepção do transcultural é primeiro uma experiência, pois diz respeito ao *silêncio* das diferentes atualizações. O espaço entre os níveis de percepção e os níveis de Realidade é o espaço desse silêncio, o equivalente, no espaço interior, daquilo que é o vazio quântico no espaço exterior. Um silêncio pleno, estruturado em níveis. Há tantos *níveis de silêncio* quanto correlações entre os níveis de percepção e os níveis de Realidade. E além de todos estes níveis de silêncio, há uma outra qualidade de silêncio, lugar sem lugar daquilo que o poeta e filósofo Michel Camus chama de *nossa luminosa ignorância*. Este núcleo de silêncio se revela a nós como um desconhecimento, pois ele é o sem-fundo do conhecimento. No entanto, este desconhecimento é luminoso, pois ilumina a ordem do conhecimento. Os níveis do silêncio e nossa luminosa ignorância determinam nossa lucidez. Se há uma linguagem universal, ela ultrapassa as palavras, porque diz respeito ao silêncio entre as palavras e o silêncio sem fundo daquilo que uma palavra expressa. A linguagem universal não é uma língua possível de ser captada por um dicionário. A linguagem universal é a experiência da totalidade de nosso ser, enfim reunido, além de suas aparências. Ela é, por sua natureza, uma *trans-linguagem*.

Os seres humanos são os mesmos do ponto de vista físico: são constituídos da mesma matéria, além de sua aparência diferente. Os seres humanos são os mesmos do ponto de vista biológico: os mesmos genes produzem diferentes cores de pele, as diferentes expressões de nosso rosto, nossas qualidades e nossos defeitos. O transcultural mostra que os seres humanos também são os mesmos do ponto de vista espiritual, além da imensa diferença entre as culturas. O transcultural traduz-se pela leitura simultânea de nossos níveis de silêncio, através das inumeráveis culturas. "O resto é silêncio" *(The rest is silence)*, são as últimas palavras de Hamlet.

É o Sujeito que forja a trans-linguagem, uma linguagem orgânica, que capta a espontaneidade do mundo, além do encadeamento infernal da abstração pela abstração. O acontecimento do ser é tão espontâneo e repentino quanto um acontecimento quântico. A sequência dos acontecimentos do ser é que constituem a verdadeira *atualidade*, que, infelizmente, não atrai nenhuma atenção da parte de nossas mídias. E, no entanto, são eles que constituem o cerne de uma verdadeira *comunicação*.

No fundo, o que se encontra no centro do transcultural, é o problema do *tempo*. O tempo é a medida da mudança dos diferentes processos. Consequentemente, o *tempo pensado* é sempre do passado e do futuro. Ele faz parte do campo do Objeto. Por outro lado, o *tempo vivido* na súbita irrupção de um acontecímento do ser, o instante presente, é impensável. *"A noção do instante presente* – escreve Charles Sanders Pierce, um dos grandes precursores da transdisciplinaridade – *sobre o qual, quer ele exista ou não, pensamos naturalmente como um ponto do tempo no qual nenhum pensamento pode ocorrer, no qual nenhum detalhe pode ser separado, é uma idéia de Primeiridade..."*, sendo a Primeiridade o modo de ser daquilo que é tal como é, positivamente e sem referência a qualquer outra coisa. O instante presente é o tempo vivo. Ele pertence ao campo do Sujeito, mais precisamente, ao campo do que liga o Sujeito ao Objeto. O instante presente é, estritamente falando, um não-tempo, uma experiência da relação entre o Sujeito e o Objeto e, neste aspecto, ele contém em si, potencialmente, tanto o passado como o futuro, a totalidade do fluxo de informação que atravessa os níveis de Realidade e a totalidade do fluxo de consciência que atravessa os níveis de percepção. *O tempo presente é verdadeiramente a origem do futuro e a origem do passado.* As diferentes culturas, presentes e futuras, desenrolam-se no tempo da História, no tempo da mudança no estado dos povos e das nações. O transcultural diz respeito ao tempo presente da trans-História, que pertence ao mesmo tempo ao campo do impensável e da epifania.

O transcultural é a condição de ser da cultura. Michel Cazenave o concebe sob o duplo aspecto da *unidade diferenciada* das culturas que construíram o Humano e a incessante *circulação entre as culturas*, que as preserva de sua desintegração.

Com efeito, a pluralidade complexa das culturas e a unidade aberta do transcultural coexistem na visão transdisciplinar. *O transcultural é a ponta de lança da cultura transdisciplinar.*

As diferentes culturas são as diferentes facetas do Humano. O multicultural permite a interpretação de uma cultura por outra cultura; o intercultural, a *fecundação* de uma cultura por outra cultura; enquanto que o transcultural assegura a *tradução* de uma cultura para qualquer outra cultura, pela decodificação do sentido que liga as diferentes culturas, embora as ultrapasse.

A linguagem transcultural, que torna possível o diálogo entre todas as culturas e que impede sua homogeneização, é um dos aspectos maiores da pesquisa transdisciplinar.

A transdisciplinaridade –
desvio e derivações

As grandes mudanças da História e da cultura foram frequentemente induzidas por um ínfimo desvio: um pequeno afastamento em relação às normas em vigor desencadeia subitamente o desmoronamento do sistema vigente e, em seguida, o aparecimento de novas normas todo-poderosas.

No campo da História, o exemplo mais flagrante é provavelmente o do nascimento do cristianismo. Alguns 'iluminados', que apenas tinham o poder de ver um mundo totalmente diferente, iniciaram um movimento que iria mudar a face do mundo.

No campo científico, as duas grandes construções intelectuais deste século: a teoria da relatividade e a mecânica quântica têm como origem algumas pequenas anomalias no plano experimental. Apesar de esforços teóricos consideráveis, estas anomalias não puderam ser eliminadas. Elas promoveram assim um alargamento sem precedentes do campo da verdade científica, cujas novas normas regeram sozinhas a física do século XX.

Um sistema todo-poderoso, social ou cultural, não passa, frequentemente, de um desvio que triunfou. No entanto, é claro que não basta ser um desvio para triunfar. De onde vem o sucesso de um desvio?

Uma análise dos parâmetros que deveriam ser levados em conta para o triunfo de um desvio leva rapidamente a um impasse, pois o número e a própria natureza destes parâmetros nos são, em grande parte, desconhecidos. Numa linguagem de físico, poderíamos afirmar que, no caso de um desvio, as condições iniciais são menos importantes do que a natureza das leis que agem no campo considerado. Um desvio que dá certo está em *conformidade* com aquilo que há de mais central nestas leis, que nada mais é do que o próprio centro do movimento. Ele age por meio de uma *visão* que se abre para um nível de Realidade diferente daquele onde se situa o sistema considerado. A estrutura gödeliana da Natureza e do conhecimento está em relação direta com o triunfo de um desvio.

A transdisciplinaridade, por sua natureza, tem o estatuto de um desvio, e não de uma dissidência (que sempre acaba sendo absorvida pelo sistema vigente). Ela se afasta da norma suposta indiscutível da eficácia sem freios e sem outros valores do que os da própria eficácia, que é, evidentemente, baseada na proliferação das disciplinas acadêmicas e não acadêmicas. A transdisciplinaridade age em nome de uma visão: a do equilíbrio necessário entre a interioridade e exterioridade do ser humano, e esta visão pertence a um nível de Realidade diferente daquele do mundo atual. Seria o caso de concluir por isto que a transdisciplinaridade é um desvio que vai triunfar? Deixemos àqueles que viverão no século XXI o trabalho de responder a esta pergunta, mas desde já podemos destacar alguns obstáculos maiores no caminho da transdisciplinaridade, que podem ser qualificados de *derivações*.

As derivações têm, no caso da transdisciplinaridade, uma definição rigorosa. Elas são geradas por *níveis de confusão*, pertinente noção transdisciplinar introduzida por Philippe Quéau.

Os níveis de confusão ocorrem pelo não respeito ao papel único e singular que cada nível de Realidade e cada nível de percepção desempenham na unidade aberta do mundo. Assim, as derivações são inúmeras. Mas podemos, no entanto, designar alguns desvios que ameaçam transformar a transdisciplinaridade, por uma redução mais ou menos dissimulada, naquilo que ela *não é*. Eliminar assim o desvio por um retorno às normas em vigor, em nome deste mesmo desvio.

A confusão mais elementar consiste no *esquecimento da descontinuidade dos níveis de Realidade e dos níveis de percepção,* substituindo-a implicitamente por sua continuidade. Inevitavelmente ocorre então a redução de todos os níveis de Realidade e de percepção a um único e mesmo nível de Realidade e de percepção, a pluralidade complexa é reduzida a uma complexidade sem outra ordem além daquela, horizontal, dos níveis de organização; e a unidade aberta do mundo transforma-se num mundo plural fechado em si mesmo, propício a todas as recuperações ideológicas e dogmáticas. Portanto, este *nível zero de confusão* é muito perigoso. Ele implica na confusão entre a pluridisciplinaridade, a interdisciplinaridade e a transdisciplinaridade. O diálogo harmonioso entre a disciplinaridade, a pluridisciplinaridade, a interdisciplinaridade e a transdisciplinaridade, que se completam mutuamente, seria assim substituído pela cacofonia de uma sutileza semântica sem fim, desprovida de qualquer interesse.

Mas há outros desvios, mais sutis e, consequentemente, mais temíveis.

Dois níveis extremos de confusão são possíveis.

Poderíamos pretender a *redução* arbitrária de todos os níveis de *percepção* a um único e mesmo nível de percepção, ainda que reconhecendo a existência de vários níveis de Realidade.

Este nível de confusão poderia conduzir a um *novo cientificismo*, tomando como fundamento intelectual uma transdisciplinaridade mal compreendida. A posição de tipo cientificista baseia-se na crença de que um único tipo de conhecimento – a Ciência – é o detentor dos meios de acesso à verdade e à realidade. A ideologia do cientificismo do século XIX proclamava que *somente a ciência* poderia nos levar à descoberta da verdade e da realidade. O *neo-cientificismo* em germe hoje já não nega o interesse do diálogo entre a ciência e os outros campos do conhecimento, mas não renuncia por causa disso ao postulado de que o horizonte da pertinência da ciência é sem limites e que a ciência continua capaz de dar conta da totalidade daquilo que existe. O signo mais característico do neo-cientificismo é a negação do valor de toda pesquisa de um metadiscurso ou de uma metateoria. Assim, tudo se torna um jogo (potencialmente homicida) e desfrute (potencialmente destrutivo): o ser humano pode se divertir saltando de um galho do conhecimento para outro, mas não pode encontrar *nenhuma ponte* ligando um modo de conhecimento a outro.

O mesmo nível de confusão poderia levar à absorção (e portanto à destruição) da transdisciplinaridade pelas ideologias extremistas de qualquer opinião, de direita ou de esquerda, em busca de uma nova virgindade. Vivemos num mundo perturbado onde tudo pode acontecer. O vazio criado pela implosão inesperada, sem guerra, do império soviético, será rapidamente preenchido, pois a História, como a Natureza, tem horror ao vazio. *Slogans* como o "fim da História" ou "a morte das ideologias" tentam esconder este vazio, que logo será preenchido pelo melhor ou pelo pior. Hoje os extremistas já não ousam se apresentar como extremistas, pois sabem que sua possibilidade de sucesso é praticamente nula. Então o lobo assumirá a aparência de cordeiro, graças à ideologia do neo-cientificismo. Poderíamos imaginar o que seria um Hitler ou um Stalin em nossa época, os quais, armados com o poder da informática e o da manipulação genética, saberiam jogar com todos os registros das necessidades espirituais dos seres humanos contemporâneos? O reconhecimento da existência de vários níveis de Realidade poderia levar a uma falsa aparência de liberdade dada aos outros e a uma falsa aparência de espiritualidade, justificando todas as manipulações imagináveis.

O neo-cientificismo e as ideologias extremistas têm em comum sua procura obsessiva da morte do Sujeito. O homem interior é o pesadelo de todo o cientificismo e de toda a ideologia totalitária, qualquer que seja seu disfarce.

Outro nível extremo de confusão consistiria no *reconhecimento da existência de vários níveis de percepção, embora recusando admitir a existência de vários níveis de Realidade.*

Esta derivação conduziria à *anexação da transdisciplinaridade ao irracionalismo hermético*, que conhece atualmente um ressurgimento, aliás, inevitável (o irracionalismo não seria o irmão gêmeo do extremo racionalismo?). A transdisciplinaridade seria assim rapidamente esvaziada de toda a vida para ser transformada num puro fenômeno de linguagem, uma linguagem para os 'iniciados': falaríamos assim 'o transdisciplinar' como podemos falar 'o lacaniano' (esta última afirmação, não faz, evidentemente, nenhuma referência inconveniente ao próprio Lacan). Uma linguagem que diria tudo a respeito de nada. Duas fortes tendências, aparentemente sem nenhuma ligação entre si, podem levar a este desvio. Por um lado, a indigestão atual pelo esoterismo barato: retém-se a linguagem da alquimia, mas se esquece que outrora ela estava ligada a experiências internas precisas; retém-se a linguagem da astrologia, mas se esquece que outrora seus símbolos estavam ligados a uma ciência dos tipos psicológicos etc. Por outro lado, a moda universitária atual é reduzir tudo à linguagem: não haveria Realidade, no sentido ontológico do termo, mas simplesmente linguagens que constróem uma realidade, e nem mesmo haveria ciência que explora a Natureza, mas uma construção social daquilo que chamamos de 'a ciência'. Estas duas tendências exprimem, na verdade, a derrota da sociedade atual, mas elas se enfeitam com ornamentos atraentes da espiritualidade ou da honorabilidade acadêmica para escondê-la pudicamente.

Existe também um novo nível de confusão, intermediário entre o nível zero de confusão e os níveis extremos de confusão. Podemos muito bem *reconhecer a existência de vários níveis de Realidade e de vários níveis de percepção, sem no entanto levar em consideração sua rigorosa correlação.*

Neste contexto, o desvio mais evidente consistiria na *assimilação do impulso transdisciplinar pela Nova Era*. Não se trata aqui de fazer um julgamento de valor sobre as tendências reagrupadas na Nova Era, onde podemos encontrar o melhor e o pior. Este movimento complexo, caótico e anárquico, exigiria um julgamento diferenciado, específico das tendências contraditórias que o constituem. A origem da Nova Era é nobre, pois seu aparecimento deve-se a uma reação de sobrevivência ao envelhecimento e à inadequação do sistema de pensamento atual em relação aos desafios da vida moderna. Algumas personalidades que deram alento ao início do movimento da Nova Era fazem parte, sem sombra de dúvida, da raça dos inovadores. Enfim, certas idéias e práticas, sobretudo aquelas ligadas à revalorização do papel do corpo na vida do ser humano contemporâneo, não podem ser rejeitadas. Mas o perigo associado à Nova Era tem como raiz sua falta de rigor, que a leva a misturar tudo, num saco amorfo e sem consistência, onde seria tentador incluir a transdisciplinaridade como um componente de honra e mais ou menos exótico. A Nova Era se apresenta, independente das motivações de um ou de outro de seus representantes, como um enorme hipermercado de nossa sociedade de consumo, onde todos podem vir procurar um pouco do Oriente e um pouco do Ocidente, para encontrar, a preços atraentes, a paz de sua consciência.

O consumo espiritual é a imagem espelhada do consumo de bens materiais. A falta de rigor pode levar ao fechamento sectário, com seus temíveis perigos. A proliferação das seitas é um dos sinais do desaparecimento dos parâmetros na sociedade de consumo. A evasão para o caminho fechado de uma seita é, na verdade, a necessidade de perder toda a responsabilidade diante de mundo de uma complexidade incompreensível. A droga pseudo-espiritual é uma droga como qualquer outra. Aqui, como em toda parte, seria mais inteligente atacar as causas da doença, ao invés de se concentrar de forma obsessiva nos *sintomas* dessa doença.

Um desvio da mesma natureza é o *desvio mercantilista*. A transdisciplinaridade mal conduzida poderia constituir o meio ideal para proporcionar uma nova legitimidade aos líderes desnorteados, sem mudar em nada o seu caminho. Já não vemos florescer seminários para formação de líderes onde a espiritualidade sufi é colocada ao lado da física quântica, do esoterismo cristão, da neurofisiologia e do budismo, do último lançamento da informática? É claro que este fenômeno recente nada tem de negativo em si mesmo, se se trata de *abrir* o mundo dos líderes para os valores da cultura antiga ou moderna. No entanto, o perigo de se apossar da cultura transdisciplinar, naquilo que ela tem de mais inovador, para continuar se submetendo ao deus único da eficácia pela eficácia de uma maneira infinitamente mais refinada que outrora, existe sem dúvida.

É urgente a formulação de uma *deontologia transdisciplinar*, na qual as três principais referências são o reconhecimento dos direitos inalienáveis do homem interior, a novidade irredutível de nossa época e o caráter *atópico* da transdisciplinaridade. Esta deontologia transdisciplinar é uma das salvaguardas da orientação imutável da atitude transdisciplinar. É por isto que os participantes do Primeiro Congresso Mundial da Transdisciplinaridade sentiram a necessidade de elaborar uma *Carta*.

É por causa da amputação da transdisciplinaridade do reconhecimento dos direitos do homem interior, complemento dos direitos do homem exterior, que os piores desvios podem ser previstos.

O reconhecimento da novidade irredutível de nossa época implica que todo retorno a uma ideologia, religião ou filosofia do passado é hoje nociva; o que não exclui, mas, pelo contrário, implica na redescoberta das riquezas de todas as tradições do mundo. O reconhecimento explícito desta novidade irredutível é uma das maiores garantias de ausência de qualquer desvio. Na transdisciplinaridade, como na física quântica nascida no começo do século XX, não podemos fazer o novo a partir do velho.

O terceiro maior referencial da ausência de desvios é o reconhecimento do caráter *atópico* da transdisciplinaridade. O lugar da transdisciplinaridade é um lugar sem lugar. Ele não está nem no homem interior (não produzindo assim nem uma nova religião, nem uma nova filosofia, nem uma nova metafísica), nem no homem exterior (portanto não produzindo uma nova ciência, mesmo que fosse a ciência das ciências). Poderíamos assim evitar fórmulas vazias, mas muito atuantes, como a da 'morte do homem'. A dialética História – trans-História exige que uma verdadeira pesquisa transdisciplinar se alimente do tempo e da História.

A abordagem transdisciplinar não opõe holismo e reducionismo, mas os considera como dois aspectos de um único e mesmo conhecimento da Realidade. Ela integra o local no global e o global no local. Agindo sobre o local, modificamos o global e agindo sobre o global, modificamos o local. Holismo e reducionismo, global e local são dois aspectos de um único e mesmo mundo multidimensional e multireferencial, o mundo da pluralidade complexa e da unidade aberta.

No fundo, o que liga todos os desvios é o *empobrecimento da dimensão transubjetiva do ser*. Sua desnaturalização e sua profanação podem aumentar os fenômenos do irracionalismo, do obscurantismo e da intolerância, cujas consequências humanas, inter-humanas e sociais são incalculáveis.

Com a eliminação de todos os desvios, esboça-se o longo caminho que leva do saber à compreensão, em nome da esperança encontrada, num itinerário e numa busca sempre reiniciados.

Rigor, abertura e tolerância

Rigor, abertura e tolerância são os três traços fundamentais da *atitude transdisciplinar.*

O rigor é, antes de mais nada, o rigor da linguagem na argumentação baseada no conhecimento vivo, ao mesmo tempo interior e exterior, da transdisciplinaridade.

A transdisciplinaridade é simultaneamente um *corpus* de pensamento e uma experiência vivida. Estes dois aspectos são inseparáveis. A linguagem transdisciplinar deve traduzir em palavras e ato a simultaneidade destes dois aspectos. Toda sutileza excessiva da parte do pensamento discursivo ou da parte da experiência nos faz sair do campo da transdisciplinaridade.

A linguagem transdisciplinar está baseada na *inclusão do terceiro, que se encontra sempre entre o "porquê" e o "como", entre o "Quem?" e o "O quê?"*. Esta inclusão é ao mesmo tempo teórica e experimental. Uma linguagem orientada exclusivamente para o "porquê", para o "como" ou para o terceiro incluído não pertence ao campo da transdisciplinaridade. A tripla orientação da linguagem transdisciplinar – para o "porquê", para o "como" e para o terceiro incluído – assegura a *qualidade de presença* daquele ou daquela que emprega a linguagem transdisciplinar. Esta qualidade de presença permite uma relação autêntica com o Outro, respeitando aquilo que o Outro tem de mais profundo em si mesmo. Se encontro o *lugar certo* dentro de mim mesmo, no momento em que me dirijo ao Outro, o Outro poderá encontrar o lugar certo em si mesmo e assim poderemos nos *comunicar*. Porque a comunicação é antes de mais nada a correspondência dos lugares justos em mim mesmo e no Outro, que é o fundamento da verdadeira *comunhão*, além de toda mentira ou de todo desejo de manipulação do Outro. *Portanto, o rigor é também a procura do lugar certo em mim mesmo e no Outro no momento da comunicação.*

Este rigor é um exercício difícil sobre o fio da navalha que une o abismo do "porquê" e o abismo do "como", o abismo do "Quem?" e do "O quê?" Ele é, portanto, o resultado de uma *busca* perpétua, alimentada incessantemente pelos novos saberes e pelas novas experiências. O rigor da transdisciplinaridade é *da mesma natureza que o rigor científico*, mas as linguagens são diferentes. Podemos até afirmar que *o rigor da transdisciplinaridade é um aprofundamento do rigor científico*, na medida em que leva em conta não apenas as coisas mas também os seres e sua relação com os outros seres e coisas. *Levar em conta todos os dados presentes numa dada situação* caracteriza este rigor. Só assim o rigor é a verdadeira muralha diante de todos os possíveis desvios.

A abertura comporta a aceitação do desconhecido, do inesperado e do imprevisível.

Há três espécies de abertura: a abertura de um nível de Realidade para outro nível de Realidade, a abertura de um nível de percepção para outro nível de percepção e a abertura para a zona de resistência absoluta que liga o Sujeito e o Objeto. O desconhecido, o inesperado e o imprevisível, num determinado momento da História transformam-se, com o passar do tempo, em conhecido, esperado e previsível, mas simultaneamente nasce uma nova forma de desconhecido, de inesperado e de imprevisível. A estrutura gödeliana da Natureza e do conhecimento garante a presença permanente do desconhecido, do inesperado e do imprevisível. A fonte de suas múltiplas formas na História é a zona de resistência absoluta que liga o Sujeito e o Objeto. A abertura da transdisciplinaridade implica, por sua própria natureza, na recusa de todo dogma, de toda ideologia, de todo sistema fechado de pensamento. Esta abertura é o sinal do nascimento de um novo tipo de pensamento voltado tanto para as respostas quanto para as perguntas. O próprio Sujeito é, ele mesmo, a pergunta abissal que assegura a permanência do questionamento. A recusa ao questionamento, a certeza absoluta, são a marca de uma atitude que não está inscrita no campo da transdisciplinaridade. A cultura transdisciplinar é a cultura do eterno questionamento acompanhando respostas aceitas como temporárias.

A tolerância resulta da constatação de que existem idéias e verdades contrárias aos princípios fundamentais da transdisciplinaridade.

O modelo transdisciplinar da Realidade esclarece de uma nova forma o velho problema da tolerância. O acordo entre os níveis de Realidade e os níveis de percepção pode ser crescente ou decrescente no tempo, evolutivo ou involutivo. Há portanto, um problema de *escolha*. A transdisciplinaridade faz resolutamente a escolha evolutiva, mas somos obrigados a constatar a existência de uma escolha oposta à sua. A escolha involutiva implica no aumento das oposições binárias e antagonistas. O papel da transdisciplinaridade não é lutar contra essa escolha, pois essa escolha oposta à sua também está inscrita na natureza do Sujeito. Lutar contra esta escolha involutiva acarretará, no fim das contas, no reforço desta escolha, porque os *níveis de ação* da transdisciplinaridade e da antitransdisciplinaridade são diferentes. O papel da transdisciplinaridade é trabalhar no sentido de sua escolha e mostrar *em ato* que a ultrapassagem das oposições binárias e dos antagonismos é efetivamente realizável.

O rigor, a abertura e a tolerância devem estar presentes *na pesquisa e na prática transdisciplinares.*

O campo da pesquisa e da prática transdisciplinares é imenso, indo da fecundação da pesquisa disciplinar até a elaboração de um projeto de civilização. Neste contexto, seria útil introduzir a noção de 'graus de transdisciplinaridade'.

Os graus de transdisciplinaridade são definidos em função da maior ou menor adoção dos três pilares metodológicos da transdisciplinaridade: os níveis de Realidade, a lógica do terceiro incluído e a complexidade.

Um primeiro grau de transdisciplinaridade diz respeito às próprias disciplinas. É o espírito de um pesquisador nesta ou naquela disciplina que, em acréscimo, pode ser transdisciplinar. *Todas* as disciplinas podem ser animadas pela atitude transdisciplinar: não há uma disciplina que seja mais favorecida do que outra do ponto de vista da transdisciplinaridade. *Há graus de transdisciplinaridade, mas não pode haver disciplinas com caráter transdisciplinar.*

Certamente, a metodologia transdisciplinar não substitui a metodologia de cada disciplina, que permanece o que é. No entanto, a metodologia transdisciplinar fecunda estas disciplinas, trazendo-lhes esclarecimentos novos e indispensáveis, que não podem ser proporcionados pela metodologia disciplinar. A metodologia transdisciplinar poderia até mesmo conduzir a verdadeiras descobertas no seio das disciplinas. Isto é natural, pois um aspecto da transdisciplinaridade é a pesquisa daquilo que atravessa as disciplinas. O exemplo de

Oersted que, partindo de uma idéia da *Naturphiloso-phie* – a da polaridade –, foi levado à descoberta científica do eletromagnetismo, é um precedente histórico extremamente eloquente.

Do mesmo modo, a transdisciplinaridade pode fecundar as pesquisas pluri e interdisciplinares, abrindo-as para o espaço comum do Sujeito e do Objeto.

É particularmente interessante a penetração do olhar transdisciplinar no campo da poesia, da arte, da estética, da religião, da filosofia e das ciência sociais. Em cada um destes campos outro grau de transdisciplinaridade entra em ação, o que implica não somente o que atravessa as disciplinas, mas também o que as estrutura. Na base de todas as disciplinas, há uma olhar transdisciplinar que lhes dá sentido. Pois nas profundezas de cada disciplina encontra-se o sem-fundo daquilo que liga o Sujeito e o Objeto transdisciplinares.

Atitude transreligiosa e presença do sagrado

O problema do *sagrado*, compreendido como presença de alguma coisa *irredutivelmente real* no mundo, é incontornável por qualquer abordagem racional do conhecimento. Podemos negar ou afirmar a presença do sagrado no mundo e em nós mesmos, mas sempre somos obrigados a nos referir ao sagrado para podermos elaborar um discurso coerente sobre a Realidade.

O sagrado é *aquilo que liga*. Ele se une, pelo seu sentido, à origem etimológica da palavra 'religião' (*religare* – religar), mas ele não é, em si mesmo, atributo de uma ou outra religião: "*O sagrado não implica na crença em Deus, em deuses ou espíritos. É... a experiência de uma realidade e a origem da consciência de existir no mundo*" – escreve Mircea Eliade. Sendo o sagrado, antes de mais nada, uma experiência, ele se traduz por um sentimento – o sentimento 'religioso' – daquilo que une os seres e as coisas e, consequentemente, ele induz, nas profundezas do ser humano o *absoluto respeito* pelas diferentes alteridades unidas pela vida comum numa única e mesma Terra.

A abolição do sagrado levou à abominação de Auschwitz e aos vinte e cinco milhões de mortos do sistema stalinista. O respeito absoluto pelas diferentes alteridades foi substituído pela pseudo-sacralização de uma *raça* ou de um *novo homem*, encarnado por ditadores elevados à posição de divindades.

O origem do totalitarismo está na abolição do sagrado. O sagrado, enquanto experiência de um real irredutível, é efetivamente o elemento essencial na estrutura da consciência e não um simples estágio na história da consciência. Quando este elemento é violado, desfigurado, mutilado, a História torna-se criminosa. Neste contexto, a etimologia da palavra 'sagrado' é altamente instrutiva. Esta palavra vem do latim *sacer*, que quer dizer *aquilo que não pode ser tocado sem sujar*, mas também *aquilo que não pode ser tocado sem ser sujado. Sacer* designava o culpado destinado aos deuses dos infernos. Ao mesmo tempo, por sua raiz indo-européia *sak*, o sagrado está ligado ao *sanctus*. Esta dupla face, sagrado e maldito, do *sacer*, é a própria dupla face da História, com seus balbuceios, suas contorções, suas contradições, que dão, às vezes, a impressão de que a História é um conto de loucos.

"Nosso século, com a psicanálise, redescobriu os demônios no homem – a tarefa que nos aguarda agora é de redescobrir seus deuses" – dizia André Malraux em 1955. É paradoxal e significativo que a época mais dessacralizada da História tenha gerado uma das reflexões mais profundas sobre a questão do sagrado. O problema incontornável do sagrado atravessa a obra dos mais diferentes pensadores e criadores do século XX, artistas e poetas, bem como cientistas inspirados, mestres da vida e mestres do pensar.

O modelo transdisciplinar da Realidade lança uma nova luz sobre o sentido do sagrado.

Uma zona de resistência absoluta liga o Sujeito e o Objeto, os níveis de Realidade e os níveis de percepção. O *movimento*, naquilo que ele tem de mais geral, é a travessia simultânea de níveis de Realidade e de níveis de percepção. Este movimento coerente está associado simultaneamente a dois sentidos, duas direções: um sentido 'ascendente' (correspondente a uma 'subida' através dos níveis de Realidade e de percepção) e um sentido 'descendente' (correspondente a uma 'descida' através dos níveis). A zona de resistência absoluta aparece como a *origem* deste duplo movimento, simultâneo e não contraditório, da subida e da descida através dos níveis de Realidade e de percepção: uma resistência absoluta é evidentemente incompatível com a atribuição de uma única direção – de subida ou de descida – precisamente porque ela é *absoluta*.

Esta zona é um 'além' em relação aos níveis de Realidade e de percepção, mas um além *ligado* a eles. A zona de resistência absoluta é o espaço da coexistência da *trans-ascendência* e da *trans-descendência*. Enquanto 'trans-ascendência', esta zona está ligada à noção filosófica de 'transcendência' (que vem de *transcendere*, o *trans* significando 'além' e *ascendere* significando 'subir'). Como 'transcendência', está ligada à noção de 'imanência'. A zona de resistência absoluta é ao mesmo tempo *transcendência imanente e imanência transcendente*. A expressão 'transcendência imanente' coloca inevitavelmente o acento na transcendência, enquanto que 'imanência transcendente' coloca o acento na imanência. Elas não são portanto adequadas à designação da zona de resistência absoluta, que aparece como o real irredutível que não pode ser reduzido nem à transcendência imanente, nem à imanência transcendente. O que conviria para designar esta zona de resistência absoluta, é a palavra 'sagrado' como terceiro incluído conciliando a transcendência imanente e a imanência transcendente. O sagrado permite o *encontro* entre o movimento ascendente e o movimento descendente da informação e da consciência através dos níveis de Realidade e dos níveis de percepção. Este encontro é a condição insubstituível de nossa *liberdade* e de nossa *responsabilidade*. Neste sentido, o sagrado aparece como a origem última de nossos *valores*. Ele é o espaço de unidade entre o tempo e o não tempo, o causal e o a-causal. Há unidade aberta do questionamento na multiplicidade das respostas, pois o sagrado é a questão.

As diferentes religiões, assim como as correntes agnósticas e atéias, se definem, de uma maneira ou de outra, em relação à questão do sagrado. O sagrado, enquanto experiência, é a origem de uma atitude *transreligiosa*. *A transdisciplinaridade não é religiosa nem areligiosa: ela é transreligiosa*. É a atitude transreligiosa, proveniente de uma transdisciplinaridade vivida, que nos permite conhecer e apreciar a especificidade das tradições religiosas e areligiosas que nos são estranhas, para melhor perceber as estruturas comuns que as fundamentam e chegar assim a uma *visão transreligiosa do mundo*.

A atitude transreligiosa não está em contradição com nenhuma tradição religiosa e nenhuma corrente agnóstica ou atéia, na medida em que estas tradições e estas correntes reconhecem a presença do sagrado. Esta presença do sagrado é, de fato, nossa *transpresença* no mundo. Se fosse generalizada, *a atitude transreligiosa tornaria impossível qualquer guerra de religiões*.

A fina ponta do transcultural desemboca no *transreligioso*. Por uma curiosa coincidência histórica, a descoberta da *Vênus de Lespugue* ocorreu em 1922, apenas dois anos depois do escândalo da *Princesa X* de Brancusi, escultura retirada do Salão dos Independentes em Paris, por obscenidade. Os amantes da arte descobriram espantados a incrível semelhança entre uma escultura paleolítica e aquela do mais inovador dos criadores da época, que seria mais tarde reconhecido como o fundador da escultura moderna. Brancusi, assim como o autor anônimo da *Vênus de Lespugue*, procurava tornar visível a essência invisível do movimento. Eles tentaram, através de sua própria cultura, responder à questão do sagrado, tornar visível o invisível. Apesar dos milênios, as formas provenientes de seu ser interior têm uma espantosa semelhança.

A atitude transreligiosa não é um simples projeto utópico: ela está inscrita nas entranhas de nosso ser. *Através do transcultural, que desemboca no transreligioso, a guerra entre as culturas, ameaça cada vez mais presente em nossa época, não teria mais razão de ser.* A guerra entre as civilizações não aconteceria se a atitude transcultural e transreligiosa encontrassem seu justo lugar na modernidade.

Evolução transdisciplinar da educação

O advento de uma cultura transdisciplinar, que poderá contribuir para a eliminação das tensões que ameaçam a vida em nosso planeta, é impossível sem um novo tipo de educação, que leve em conta *todas* as dimensões do ser humano.

As diferentes tensões – econômicas, culturais, espirituais – são inevitavelmente perpetuadas e aprofundadas por um sistema de educação baseado nos valores de outro século, cada vez mais defasado em relação às mutações contemporâneas. A guerra mais ou menos subterrânea das economias, das culturas e das civilizações faz com que a guerra quente brote por toda parte. No fundo, toda nossa vida individual e social é estruturada pela educação. A educação está no centro de nosso futuro. O futuro é estruturado pela educação que é dispensada no presente, aqui e agora.

A despeito da enorme diversidade entre os sistemas de educação de um país para o outro, a mundialização dos desafios de nossa época leva à mundialização dos problemas da educação. Os abalos que permeiam o campo da educação, num ou noutro país, são apenas os sintomas de uma única e mesma fissura entre os valores e as realidades de uma vida planetária em mutação. Se não existe, é verdade, uma receita milagrosa, há no entanto um *centro comum de questionamento* que convém não ocultar se desejamos realmente viver num mundo mais harmonioso.

A tomada de consciência de um sistema de educação defasado diante das mutações do mundo moderno foi explicitada por inúmeros colóquios, relatórios e estudos.

O relatório mais recente e mais exaustivo foi elaborado pela "Comissão internacional sobre a educação para o século vinte e um", ligada à UNESCO e presidida por Jacques Delors. O *Relatório Delors* enfatiza claramente os quatro pilares de um novo tipo de educação: aprender a conhecer, aprender a fazer, aprender a viver em conjunto e aprender a ser.

Neste contexto, a abordagem transdisciplinar pode ter uma contribuição importante no advento deste novo tipo de educação.

Aprender a conhecer significa antes de mais nada a aprendizagem dos métodos que nos ajudam a distinguir o que é real do que é ilusório, e a ter assim um acesso inteligente aos saberes de nossa época. Neste contexto, *o espírito científico*, uma das maiores aquisições da aventura humana, é indispensável. A iniciação precoce à ciência é salutar, pois ela dá acesso, desde o início da vida humana, à inesgotável riqueza do espírito científico, baseado no questionamento, na recusa de qualquer resposta pré-fabricada e de toda certeza em contradição com os fatos. No entanto, espírito científico não quer dizer de modo algum aumento desmedido do ensino de matérias científicas e construção de um mundo interior baseado na abstração e na formalização. Tal excesso, infelizmente comum, só poderia conduzir àquilo que é o exato oposto do espírito científico: as respostas prontas de outrora seriam substituídas por outras respostas prontas (desta vez com uma espécie de brilho 'científico') e, no fim das contas, um dogmatismo seria substituído por outro. Não é a assimilação de uma enorme massa de conhecimentos científicos que possibilita o acesso ao espírito científico, mas a *qualidade* do que é ensinado. E 'qualidade' aqui quer dizer fazer com que a criança, o adolescente ou o adulto penetrem no coração do procedimento científico, que é o questionamento permanente em relação à resistência dos fatos, das imagens, das representações, das formalizações.

Aprender a conhecer também significa ser capaz de estabelecer *pontes* – entre os diferentes saberes; entre estes saberes e seus significados para nossa vida cotidiana; entre estes saberes e significados e nossas capacidades interiores. Esta abordagem transdisciplinar será o complemento indispensável do procedimento disciplinar, pois conduzirá a um *ser incessantemente re-ligado*, capaz de se adaptar às exigências em mutação da vida profissional e dotado de uma flexibilidade sempre orientada para a atualização de suas potencialidades interiores.

Aprender a fazer significa, sem dúvida, a aquisição de uma profissão e dos conhecimentos e práticas que lhe estão associados. A aquisição de uma profissão passa necessariamente por uma especialização. Não se pode fazer uma operação de coração aberto se não se aprendeu cirurgia; não se pode resolver uma equação de terceiro grau se não se aprendeu matemática; não se pode ser um diretor de teatro sem conhecer as técnicas teatrais.

Contudo, em nosso mundo em ebulição, onde o surto avassalador da informática anuncia outros surtos por vir, congelar-se a vida toda numa única e mesma profissão pode ser perigoso, pois isto pode levar ao desemprego, à exclusão, ao sofrimento desintegrador do ser. A especialização excessiva e precoce tem que ser banida num mundo em rápida mutação. Se quisermos realmente conciliar a exigência da competição e o cuidado com a igualdade de possibilidades entre todos os seres humanos, toda profissão no futuro deveria ser uma verdadeira *profissão a ser tecida*, uma profissão que estaria ligada, no interior do ser humano, aos fios que a ligam a outras profissões. Não se trata, é claro, de adquirir várias profissões ao mesmo tempo, mas de construir interiormente um núcleo flexível que rapidamente daria acesso a outra profissão.

Também neste caso, a abordagem transdisciplinar pode ser preciosa. No fim das contas, 'aprender a fazer' é um aprendizado da *criatividade*. 'Fazer' também significa fazer o novo, criar, trazer suas potencialidades criativas à luz. É este aspecto do 'fazer' que é o contrário do tédio sentido, infelizmente, por tantos seres humanos que são obrigados, para fazer frente a suas necessidades, a exercer uma profissão que não está de acordo com as suas predisposições interiores. 'Igualdade de possibilidades' também quer dizer *realização de potencialidades criativas diferentes* de um ser ao outro. 'Competição' também pode querer dizer *harmonia das atividades criativas* no seio de uma única e mesma coletividade. O tédio, fonte de violência, conflito, desordem, desregramento moral e social pode ser substituído pela alegria da realização pessoal, qualquer que seja o lugar onde esta realização se efetue, pois este lugar só pode ser único para cada pessoa num dado momento.

Construir uma *pessoa* verdadeira também significa assegurar-lhe as condições de realização máxima de suas potencialidades criadoras. A hierarquia social, tão frequentemente arbitrária e artificial, poderia assim ser substituída pela cooperação dos *níveis estruturados em função da criatividade pessoal*. Estes níveis serão antes *níveis de ser* do que níveis impostos por uma competição que absolutamente não leva em consideração o homem interior. A abordagem transdisciplinar está baseada no equilíbrio entre o homem exterior e o homem interior.

Sem este equilíbrio, 'fazer' não significa nada mais que 'sofrer'.

Aprender a viver em conjunto significa, é claro, antes de mais nada o respeito pelas normas que regem as relações entre os seres que compõem uma coletividade. Todavia, estas normas devem ser realmente compreendidas, admitidas interiormente por cada ser, e não sentidas como pressões externas. 'Viver em conjunto' não quer dizer simplesmente tolerar o outro em suas diferenças de opinião, cor e crenças; curvar-se diante das exigências dos poderosos; navegar entre os meandros de incontáveis conflitos; separar definitivamente sua vida interior de sua vida exterior; fingir escutar o outro permanecendo convicto da justeza absoluta de suas próprias posições. Caso contrário, 'viver em conjunto' transforma-se inelutavelmente em seu oposto: lutar uns contra outros.

A atitude transcultural, transreligiosa, transpolítica e trasnacional pode ser aprendida. Ela é inata, na medida em que dentro de cada ser há um núcleo sagrado, intangível. No entanto, se esta atitude inata for apenas potencial, ela pode permanecer para sempre não atualizada, ausente da vida e da ação. Para que as normas de uma coletividade sejam respeitadas, elas devem ser *validadas* pela experiência interior de cada ser.

Há aí um aspecto capital da evolução transdisciplinar da educação: *reconhecer-se a si mesmo na face do Outro*. Trata-se de um aprendizado permanente, que deve começar na mais tenra infância e continuar ao longo da vida. A atitude transcultural, transreligiosa, transpolítica e transnacional nos permitirá assim aprofundar melhor nossa própria cultura, defender melhor nossos interesses nacionais, respeitar melhor nossas próprias convicções religiosas ou políticas. A unidade aberta e a pluralidade complexa, como em todos os outros domínios da Natureza e do conhecimento, não são antagônicas.

Aprender a ser parece, a princípio, um enigma insondável. Sabemos existir, mas como aprender a ser? Podemos começar aprendendo o que a palavra 'existir' quer dizer, para nós: descobrir nossos condicionamentos, descobrir a harmonia ou a desarmonia entre nossa vida individual e nossa vida social, sondar as fundações de nossas convicções para descobrir o que se encontra embaixo. Nesta construção, o estágio da escavação precede o das fundações. Para fundamentar o ser, é preciso antes empreender as escavações de nossas certezas, de nossas crenças, de nossos condicionamentos. Questionar, questionar sempre: aqui também, o espírito científico é para nós um precioso guia. Isto é aprendido tanto pelos educadores como pelos educandos.

'Aprender a ser' é um aprendizado permanente no qual o educador informa o educando tanto quanto o educando informa o educador. *A construção de uma pessoa passa inevitavelmente por uma dimensão transpessoal.* O não respeito deste acordo necessário explica, em grande parte, uma das tensões fundamentais de nossa época, aquela entre o material e o espiritual. A sobrevivência de nossa espécie depende, em grande parte, da eliminação desta tensão, mediante uma conciliação vivida num *nível de experiência* diferente do corriqueiro, entre estas duas contradições aparentemente antagônicas. 'Aprender a ser' também é aprender a conhecer e respeitar aquilo que liga o Sujeito e o Objeto. O outro é um objeto para mim se eu não fizer este aprendizado, que me ensina que o outro e eu construímos juntos o Sujeito ligado ao Objeto.

Há uma inter-relação bastante evidente entre os quatro pilares do novo sistema de educação: como aprender a fazer aprendendo a conhecer, e como aprender a ser aprendendo a viver em conjunto?

Na visão transdisciplinar, também há uma *trans-relação* que liga os quatro pilares do novo sistema de educação e que tem sua origem em nossa própria constituição de seres humanos. Esta trans-relação é como o teto que repousa sobre os quatro pilares da construção. Se um único destes quatro pilares da construção desmorona, a construção inteira vem abaixo, o teto com ela. E se não houver teto, a construção cai em ruínas.

Uma educação só pode ser viável se for *uma educação integral do homem*, segundo a formulação tão apropriada do poeta René Daumal. Uma educação que se dirige à totalidade aberta do ser humano e não apenas a um de seus componentes.

A educação atual privilegia a inteligência do homem, em detrimento de sua sensibilidade e de seu corpo, o que certamente foi necessário em determinada época, para permitir a explosão do saber. Todavia, esta preferência, se continuar, vai nos arrastar para a lógica louca da eficácia pela eficácia, que só pode desembocar em nossa autodestruição.

É claro que não se trata apenas de aumentar o número de horas previstas para as atividades artísticas ou esportistas. Isto seria como tentar obter uma árvore viva justapondo raízes, um tronco e uma coroa de folhagem. Esta justaposição só levaria a uma imitação de árvore viva. A educação atual só diz respeito à coroa de folhas. Contudo, a coroa não faz a árvore

As recentes experiências feitas pelo Prêmio Nobel de Física Leon Lederman com as crianças dos bairros menos favorecidos de Chicago, torna claro o sentido de nossos propósitos. O Professor Lederman primeiro convenceu alguns professores da escola secundária a se formarem em novos métodos de aprendizagem da física baseados em jogos, no tocar diferentes objetos, na discussão entre os alunos para descobrir o significado de medidas, fazendo os diferentes órgãos dos sentidos intervirem – visão, tato, audição – tudo isso numa atmosfera de prazer e alegria, ou seja: tudo o que é mais distante possível do aprendizado formal das matemáticas e da física. E o milagre aconteceu: as crianças provenientes das famílias mais pobres, onde reinam a violência, a falta de cultura e o desinteresse pelas preocupações habituais das crianças, descobriram através dos jogos, as leis abstratas da física. Estas mesmas crianças tinham sido declaradas, um ano antes, incapazes de compreender qualquer abstração. Aliás, é interessante assinalar que as maiores dificuldades da operação e, nem é preciso dizer, a maior parte do seu custo, foram devidas à resistência dos professores: eles tinham muita dificuldade em abandonar seus métodos antigos. A formação dos formadores foi mais longa e mais difícil do que o trabalho com as crianças.

A experiência de Chicago mostra bem que a inteligência assimila muito mais rapidamente e muito melhor os saberes quando estes saberes são *compreendidos* também com o corpo e com o sentimento. Numa árvore viva, as raízes, o tronco e a coroa de folhas são inseparáveis: é através deles que o movimento vertical da seiva trabalha, assegura a vida da árvore. Este é o protótipo daquilo que denominamos antes a *revolução da inteligência*: o surgimento de um novo tipo de inteligência, baseado no equilíbrio entre a inteligência analítica, os sentimentos e o corpo. Somente assim a sociedade do século XXI poderá conciliar efetividade e afetividade.

A educação transdisciplinar esclarece de uma maneira nova a necessidade que cada vez mais se faz sentir atualmente: a de uma educação permanente. Com efeito, a educação transdisciplinar, por sua própria natureza, deve ser exercida não apenas nas instituições de ensino, do maternal à Universidade, mas também ao longo de toda a vida e em todos os lugares da vida. Nas instituições de ensino, não é necessário criar novos departamentos e novas cadeiras, o que seria contrário ao espírito transdisciplinar: a transdisciplinaridade não é uma nova disciplina e os pesquisadores transdisciplinares não são novos especialistas. A solução seria gerar, no seio de cada instituição de ensino, *uma oficina de pesquisa transdisciplinar*, cujos membros mudem com o decorrer do tempo, e que agrupe educadores e educandos desta instituição. A mesma solução poderia ser experimentada nas empresas e em qualquer outra coletividade, nas instituições nacionais e internacionais.

Um problema específico coloca-se para a educação transdisciplinar fora da vida profissional. Numa sociedade equilibrada, a fronteira entre tempo de lazer e tempo de aprendizagem vai se apagar progressivamente. A revolução informática pode desempenhar um papel considerável em nossa vida para transformar a aprendizagem em prazer e o prazer em aprendizagem. Com isso, os problemas do desemprego e o emprego dos jovens certamente encontrarão soluções inesperadas. Neste contexto, a atividade associativa desempenhará um papel importante na educação transdisciplinar ao longo de toda a vida.

É evidente que os diferentes lugares e as diferentes idades da vida pedem métodos transdisciplinares extremamente diversificados. Mesmo se a educação transdisciplinar é um processo global e de grande fôlego, é importante encontrar e criar lugares que poderiam iniciar este processo e assegurar seu desenvolvimento.

A Universidade é o lugar privilegiado de uma formação adaptada às exigências de nosso tempo, o eixo de uma educação dirigida aos adultos que acaba alcançando também as crianças e adolescentes.

Numa perspectiva transdisciplinar, há uma relação direta e incontornável entre paz e transdisciplinaridade. O pensamento fragmentado é incompatível com a busca da paz nesta Terra. O surgimento de uma cultura e de uma educação para a paz pede uma evolução transdisciplinar da educação e, muito particularmente, da Universidade.

A penetração do pensamento complexo e transdisciplinar nas estruturas, nos programas e na irradiação da Universidade permitirá sua evolução em direção à sua missão um tanto quanto esquecida hoje em dia: *o estudo do universal*. Assim, a Universidade poderá transformar-se num local de aprendizagem da atitude transcultural, transreligiosa, transpolítica e transnacional, do diálogo entre arte e ciência, eixo da reunificação entre a cultura científica e a cultura artística. A Universidade renovada será o berço de um novo tipo de humanismo.

Em direção a um novo humanismo: o transhumanismo

Um mundo em estado de espera.

Esperando o que? Nenhuma pessoa lúcida pode dizê-lo com certeza.

Não sei. Tudo o que sei é que nosso mundo está esperando. Quem? O quê? Talvez a Mulher, talvez também o Homem e sua união ainda-não-celebrada.

Não sei se o *homem louco*, do qual fala de modo tão rigoroso André Bourguignon, poderá encarar os desafios do próximo século. A loucura do homem talvez seja o preço que ele teve de pagar por sua linguagem criadora, por sua razão, por seu gênio. Tudo o que sei é que, se a loucura é a norma, então a sabedoria que se opuser à norma também será uma forma de loucura. Num mundo onde tudo se equivale, onde a violência é a outra face da solidariedade, onde a exclusão é a outra face do bem estar, onde o massacre dos inocentes é a outra face do entendimento entre os povos, é impensável encontrar a verdadeira razão para nele *viver*.

Não sei se há uma solução. Tudo que sei é que há uma *questão*: a questão do *nascimento* de um mundo desconhecido, imprevisível, caminhando do campo fechado para o *Aberto*, para a atualização de todas as possibilidades. Tudo que podemos fazer é *testemunhar*. O presente *Manifesto* é um testemunho.

A transdisciplinaridade não é o caminho, mas *um caminho* de testemunho de nossa presença no mundo e de nossa experiência vivida através dos fabulosos saberes de nossa época. *Uma voz* onde ressoam as potencialidades do ser.

Como tão bem assinalou Jacques Robin, *a transdisciplinaridade vivida* pode nos conduzir não apenas à mudança de nossas mentalidades, mas também a uma mudança de nosso *comportamento social*. Seria conveniente nos interrogarmos sobre as condições que devem ser criadas para que este novo comportamento possa eclodir.

Do ponto de vista da transdisciplinaridade, qualquer sistema fechado de pensamento, não importa se de natureza ideológica, política ou religiosa, está fadado a ruir. Um sistema fechado de pensamento coloca inevitavelmente ênfase na noção de *massa*, indistinta e disforme, conceito abstrato que elimina toda a importância do desenvolvimento interior do ser humano. A ideologia nazista colocava ênfase na massa que constitui uma 'raça', desprezando a nobreza interior de todo ser humano, e isto conduziu à abominação dos campos de extermínio e aos fornos crematórios. A ideologia comunista, em nome de nobres ideais, divinizava as 'massas populares', constituídas por idênticos 'homens novos', desprezando a heterogeneidade intrínseca dos seres humanos, e isto levou aos crimes da época stalinista.

A sociedade liberal é mais justa e mais equilibrada, mas também enfatiza o conceito de 'massa': a de uma ou outra categoria social, de uma ou outra profissão. Se nela o velho ideal 'liberdade, igualdade, fraternidade' é proclamado como um direito sagrado, esta sociedade ainda é incapaz de fornecer as condições para a realização efetiva desta utopia e os *valores* que permitiriam a conciliação entre o homem exterior, que faz parte de uma massa aparentemente indistinta, e o homem interior, que dá sentido à vida social. O indivíduo, consumidor, não é o equivalente a uma 'pessoa, mas é a *pessoa* que deveria estar no centro de qualquer sociedade civilizada. É absolutamente necessário explorar a infinita capacidade de deslumbramento da consciência humana para ser possível reencantar o mundo.

A implacável lógica da eficácia pela eficácia só pode estar a serviço dos egoísmos mais exacerbados e, devido a uma estratégia individual ou coletiva, servir os interesses dos mais ricos em detrimento dos mais pobres. *A elefantíase do ego* jamais poderá levar à construção de uma 'pessoa'; ela provoca uma coexistência conflituosa dos indivíduos engajados numa competição impiedosa, em nome de uma eficácia cuja racionalidade escapa totalmente mesmo àqueles que são seus servos incondicionais.

A visão transdisciplinar, que é ao mesmo tempo uma visão transcultural, transreligiosa, transnacional, transhistórica e transpolítica, conduz, no plano social, a uma mudança radical de perspectiva e de atitude. Não se trata, é claro, da intervenção de um Estado, com suas estruturas, na vida interior do ser humano, que pertence ao âmbito da estrita responsabilidade individual. Todavia, *as estruturas sociais devem criar as condições* para que esta responsabilidade possa florescer e se exercer em seu seio. O crescimento econômico a qualquer preço já não pode estar no centro das estruturas sociais. A economia política e o que está vivo estão intimamente ligados. A pesquisa criativa de uma economia política transdisciplinar está baseada no postulado de que esta está a serviço do ser humano e não o contrário. O bem estar material e o bem estar espiritual condicionam-se um ao outro.

Chamamos de *transhumanismo* a nova forma de humanismo que oferece a cada ser humano a capacidade máxima de desenvolvimento cultural e espiritual. Trata-se de procurar o que existe *entre, através e além* dos seres humanos: aquilo que podemos chamar de o Ser dos seres. O transhumanismo não visa uma homogeneização fatalmente destrutiva, mas a atualização máxima da unidade dentro da diversidade e da diversidade pela unidade. Assim, a ênfase será colocada não na organização ideal da humanidade (mediante receitas ideológicas que sempre desembocam no contrário daquilo que preconizam), mas numa *estrutura flexível e orientada do acolhimento da complexidade.* Não se trata de definir o ser humano procurando construir o 'homem novo', o que sempre leva à destruição do ser humano, devido à sua transformação em objeto. Poderia um objeto ter outra liberdade além daquela que lhe é atribuída pelo Grande Inquisidor do qual fala Dostoievski em *Os Irmãos Karamazov ?*

Lembremo-nos daquilo que já foi dito: *o homo sui transcendentalis* não é um 'homem novo' mas um homem que nasce de novo. *Homo sui transcendentalis* é o verdadeiro estado natural do ser humano.

No fundo, aquilo que se encontra no centro de nosso questionamento é a *dignidade* do ser humano, sua infinita nobreza. A dignidade do ser humano é também de ordem planetária e cósmica. O aparecimento do fenômeno humano evolutivo sobre a Terra é uma das etapas da história do Universo, assim como o nascimento do Universo é uma das etapas da evolução humana.

O reconhecimento da Terra como pátria matricial é um dos imperativos da transdisciplinaridade. Todo ser humano tem direito a uma nacionalidade, mas ele é ao mesmo tempo um ser transnacional.

O *transnacional* não implica de forma alguma na desvalorização ou no desaparecimento das nações. Pelo contrário, o transnacional só pode reforçar o que há de mais criativo e mais essencial em cada nação. A palavra 'nação' tem a mesma raiz 'nasci' que a palavra 'Natureza': a forma *natio-onis* também tem *nascimento* como seu significado original. As nações poderão dar nascimento ao transnacional, e o transnacional poderá eliminar o egoísmo nacional, gerador de tantos conflitos homicidas. A elefantíase das nações tem a mesma causa da elefantíase do ego: o não respeito pela dignidade do ser humano.

Quando a caixa de Pandora foi aberta, os males que escaparam dela ameaçaram os humanos que povoavam a Terra. No fundo da caixa estavam escondidos a esperança e a confiança. *É esta esperança e esta confiança que a transdisciplinaridade pretende testemunhar.*

Paris, 1 de janeiro de 1996

Anexo

Carta da Transdisciplinaridade

Preâmbulo

Considerando que a proliferação atual das disciplinas acadêmicas e não acadêmicas leva a um crescimento exponencial do saber, o que torna impossível qualquer visão global do ser humano,

Considerando que somente uma inteligência capaz de abarcar a dimensão planetária dos conflitos atuais poderá enfrentar a complexidade de nosso mundo e o desafio contemporâneo da autodestruição material e espiritual de nossa espécie,

Considerando que a vida está fortemente ameaçada por uma tecnociência triunfante, que obedece apenas à lógica assustadora da eficácia pela eficácia,

Considerando que a ruptura contemporânea entre um saber cada vez mais acumulativo e um ser interior cada vez mais empobrecido leva a uma ascensão de um novo obscurantismo, cujas consequências no plano individual e social são incalculáveis,

Considerando que o crescimento dos saberes, sem precedente na história, aumenta a desigualdade entre aqueles que os possuem e aqueles que deles são desprovidos, gerando assim desigualdades crescentes no seio dos povos e entre as nações de nosso planeta,

Considerando ao mesmo tempo que todos os desafios enunciados têm sua contrapartida de esperança e que o crescimento extraordinário dos saberes pode levar, a longo prazo, a uma mutação comparável à passagem dos hominídeos a espécie humana,

Considerando o que precede, os participantes do Primeiro Congresso Mundial de Transdisciplinaridade (Convento de Arrábida, Portugal, 2-7 de novembro de 1994) adotaram a presente *Carta*, que contém um conjunto de princípios fundamentais da comunidade dos espíritos transdisciplinares, constituíndo um contrato moral que todo signatário desta *Carta* faz consigo mesmo, sem qualquer pressão jurídica e institucional.

Artigo 1: Qualquer tentativa de reduzir o ser humano a uma definição e de dissolvê-lo em estruturas formais, quaisquer que sejam, é incompatível com a visão transdisciplinar.

Artigo 2: O reconhecimento da existência de diferentes níveis de Realidade, regidos por lógicas diferentes, é inerente à atitude transdisciplinar. Toda tentativa de reduzir a Realidade a um único nível, regido por uma única lógica, não se situa no campo da transdisciplinaridade.

Artigo 3: A transdisciplinaridade é complementar à abordagem disciplinar; ela faz emergir do confronto das disciplinas novos dados que as articulam entre si; e ela nos oferece uma nova visão da Natureza e da Realidade. A transdisciplinaridade não busca o domínio de várias disciplinas, mas a abertura de todas elas àquilo que as atravessa e as ultrapassa.

Artigo 4: O ponto de sustentação da transdisciplinaridade reside na unificação semântica e operativa das acepções *através* e *além* das disciplinas. Ela pressupõe uma racionalidade aberta, mediante um novo olhar sobre a relatividade das noções de 'definição' e de 'objetividade'. O formalismo excessivo, a rigidez das definições e o exagero da objetividade, incluindo a exclusão do sujeito, levam ao empobrecimento.

Artigo 5: A visão transdisciplinar é resolutamente aberta na medida que ultrapassa o campo das ciências exatas devido ao seu diálogo e sua reconciliação, não apenas com as ciências humanas, mas também com a arte, a literatura, a poesia e a experiência interior.

Artigo 6: Com relação à interdisciplinaridade e à multidisciplinaridade, a transdisciplinaridade é multirreferencial e multidimensional. Embora levando em conta os conceitos de tempo e de História, a transdisciplinaridade não exclui a existência de um horizonte transhistórico.

Artigo 7: A transdisciplinaridade não constitui nem uma nova religião, nem uma nova filosofia, nem uma nova metafísica, nem uma ciência das ciências.

Artigo 8: A dignidade do ser humano é também de ordem cósmica e planetária. O aparecimento do ser humano sobre a Terra é uma das etapas da história do Universo. O reconhecimento da Terra como pátria é um dos imperativos da transdisciplinaridade. Todo ser humano tem direito a uma nacionalidade, mas, a título de habitante da Terra, ele é ao mesmo tempo um ser transnacional. O reconhecimento pelo direito internacional da dupla cidadania - referente a uma nação e à Terra - constitui um dos objetivos da pesquisa transdisciplinar.

Artigo 9: A transdisciplinaridade conduz a uma atitude aberta em relação aos mitos e religiões e àqueles que os respeitam num espírito transdisciplinar.

Artigo 10: Não existe um lugar cultural privilegiado de onde se possa julgar as outras culturas. A abordagem transdisciplinar é ela própria transcultural.

Artigo 11: Uma educação autêntica não pode privilegiar a abstração no conhecimento. Ela deve ensinar a contextualizar, concretizar e globalizar. A educação transdisciplinar reavalia o papel da intuição, do imaginário, da sensibilidade e do corpo na transmissão dos conhecimentos.

Artigo 12: A elaboração de uma economia transdisciplinar está baseada no postulado de que a economia deve estar a serviço do ser humano e não o inverso.

Artigo 13: A ética transdisciplinar recusa toda atitude que se negue ao diálogo e à discussão, qualquer que seja sua origem - de ordem ideológica, cientificista, religiosa, econômica, política, filosófica. O saber compartilhado deveria levar a uma compreensão compartilhada, baseada no *respeito* absoluto das alteridades unidas pela vida comum numa única e mesma Terra.

Artigo 14: *Rigor, abertura e tolerância* são as características fundamentais da atitude e da visão transdisciplinares. O *rigor* na argumentação que leva em conta todos os dados é a melhor barreira em relação aos possíveis desvios. A *abertura* comporta a aceitação do desconhecido, do inesperado e do imprevisível. A *tolerância* é o reconhecimento do direito às idéias e verdades contrárias às nossas.

Artigo final: A presente *Carta da Transdisciplinaridade* foi adotada pelos participantes do Primeiro Congresso Mundial de Transdisciplinaridade e não reivindica nenhuma outra autoridade além de sua obra e sua atividade.

Segundo os procedimentos que serão definidos de acordo com as mentes transdisciplinares de todos os países, esta Carta está aberta à assinatura de qualquer ser humano interessado em promover nacional, internacional e transnacionalmente as medidas progressivas para a aplicação destes artigos na vida cotidiana.

Convento da Arrábida, 6 de novembro de 1994
Comitê de Redação:
Lima de Freitas, Edgar Morin e Basarab Nicolescu

Do mesmo autor

ENSAIOS
Ciência, Sentido e Evolução - A Cosmologia de Jacob Boehme, São Paulo: Attar Editorial, 1995.
Nous, la particule et le monde. Paris: Le Mail, 1985, obra laureada pela Academia Francesa.
L'Homme et le sens de l'Univers - Essai sur Jacob Boehme. Paris: Le Félin / Philippe Lebaud, 1988, segunda edição, prefácios de Antoine Faivre e Joscelyn Godwin. Traduções nos Estados Unidos e Romênia, Benjamin Franklin Award for Best History Book (Estados Unidos, 1992).
Théorèmes poétiques. Monaco: Du Rocher, 1994, prefácio de Michel Camus.

PARTICIPAÇÃO EM OBRAS COLETIVAS
L'Homme et ses trois éthiques. Monaco: Du Rocher, 1986, em colaboração com Stéphane Lupasco.
Le Psychanalyste, le physicien et le réel. Poiesis: 1987.
La Science face aux confins de la connaissance - La Déclaration de Venise. Paris: Du Félin, 1987.
Sciences et imaginaire. Albin Michel - Cité des Sciences et de l'Industrie, 1994.

ORGANIZAÇÃO DE OBRAS
Stéphane Lupasco - L'Homme et l' Oeuvre, em colaboração com Horia Badescu. Monaco: Du Rocher, Paris, 1999 *(Stéphane Lupasco - O Homem e a Obra.* São Paulo: TRIOM, 2001).

DIREÇÃO DE OBRAS
L'Homme, la science et la nature - Regards transdisciplinaries. Paris: Le Mail, 1994, em colaboração com Michel Cazenave.
Les Temps dans les sciences. Paris: L'Harmattan, 1995, em colaboração com Norbert Dodille e Christian Duhamel.